新しい世界
神とともに！

野村文子

たま出版

「第２章　瀬織津姫様」参照

「第３章　アナコンダ、家族との再会」参照

「第６章　台風22号でさまざまな出来事」参照

台風５号・18号・21号・22号にてご活躍くださった竜神様４神

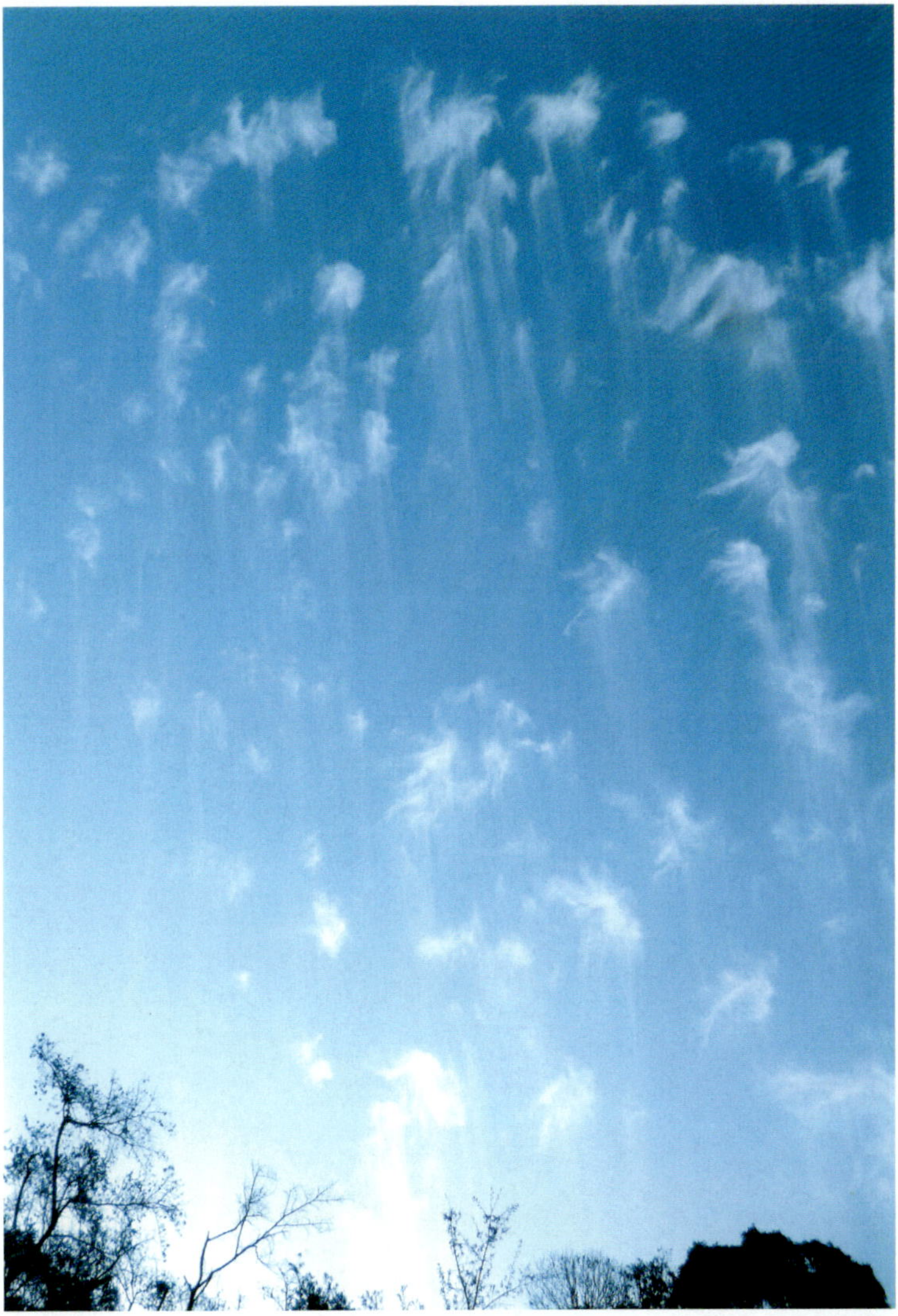

豚32頭（メス）の昇天

牛(オス)28頭の昇天

男性33霊の昇天

寄生虫で松枯れに

ハンドパワー！

奇跡の復活

糖尿で白内障の思念に憑かれて枯れる(ナス苗)

思念の除去で生き返る(ナス苗)

はじめに

私は17年前に肉眼では見えない波動に出合い、波動が測定できる波動測定器に魅せられました。さらに、日々の研究と実験を重ねて、「未来波動」というオリジナルの浄化方法を発案しました。

私を突き動かしていたのは、42年前、私の長男を1歳1カ月で亡くしてしまった後悔でした。やがて、波動を研究しているうちに長男の死の原因が解明でき、亡くなった長男の魂が次男の息子に宿るという不思議な縁を経験しました。喜んだのもつかの間、次男の息子が同じ病気を発症したことから、今度こそ命を救ってあげたいという思いで、これまでのすべての経験を注ぎ込み、波動の浄化で彼の命を救うことができました。

その過程で神様のお力をお借りして、次々と進化していったのが「光カード」です。いまでは浄化の威力は格段に強くなり、浄化方法も簡素になりました。２０１６年からは人間の額にその人の持病が断層となって記憶されていることを発見しました。多い人では50断層ものデーターが蓄積されています。また、第1章でくわしく解説しますが、３６００

倍率の血液画像を分析すると、病気の原因、遺伝の事実、性格の問題などを事細かく解明できます。現在は額を浄化するだけで全身の浄化が可能になりました。

そんな努力が実を結び、２００５年8月11日の初版「波動で見抜く人生の真実」（たま出版）、２０１０年4月1日「未来波動が教える病気の正体」（たま出版）に引き続き、本書で数多くの真実を世界の皆さんに発信できる運びになりました。神様との対話の実体験を、初めて時系列で紹介していきます。

そして、今回は重大なお知らせをしなくてはなりません。本書の原稿締め切りがあとわずかに迫ったとき、新たな事実がわかりました。私はこれまで病気の原因を「霊・菌・ウイルス・宇宙霊」であるとつきとめましたが、解明できない領域もありました。その領域を「その他の原因」として扱ってきたのですが、ある女性の病気の原因を調べたときにそれが判明したのです。わからなかった原因とは「遺伝子組み換えされた細胞」でした。

驚いてほかの波動教室の会員さんたちも調べましたが、その場にいらした方々の体内にそれがたくさん入っていたとわかって、血の気が引いていきました。名前がないので、ひとまず細胞君と呼び始めたこの存在をさらに調べていくと、薬、健康食品、お茶、一般食品のなかに幅広く紛れ込んでいました。しかも、遺伝子組み換え食品という表示のない食品の中にさえ、なぜかそれは入っているのです。

この細胞君の特徴は無気力、神経異常、痛み、脳全体の症状、貧血、肥満、嘔吐、下痢など多岐にわたるものでした。ちょうどその頃、死者59人、負傷者500人以上という史上最悪の大惨事と報道された、アメリカ・ラスベガスの銃乱射事件が起きました。容疑者は自殺したようですが、調べてみると容疑者の額には神経異常の病気を持った細胞君が15人と怒りの宇宙霊（男）が憑《つ》いていました。

現在、若者、子供たちが原因不明の病気、アレルギー、花粉症、視力低下、無気力など、昔はありえなかったような症状で悩んでいます。生まれたときからこのような食べ物に囲まれ、少しずつ蝕《むしば》まれてきたのが原因でしょう。数が多くなると、誰でも憑かれているものと同じ性格、病気になってきます。人類もこのまま進めば、不治の病やこのような惨事が毎日のように起こるかもしれません。そのメカニズムを誰も知らないため、対処法さえもわからないのが現実なのです。

波動の浄化を実践していただければ、恐ろしい細胞も浄化できます。未来波動の発案者は私ですが、これは私一人だけができる特別な技術ではなく、世界中、誰にでも使えるものです。実際に私が開催している波動教室の会員さんたちはすでに使っていて、ご本人や家族、まわりの方々の病気の改善、環境浄化に役立てています。

私たちのまわりには数え切れないくらいの細胞・霊・菌・ウイルス・宇宙霊などの病気

の原因が無数にあります。本書で真実を知っていただき、理解したうえで波動浄化の実践にすぐに取りかかっていただくことを願ってやみません。

目次

第2章　ろねらわゆわ（神様との対話）　47

第3章　夢物語と未知の世界

第1章　第三の眼の奥に、病気の原因が見える

波動とはなにか

本書の内容を理解していただくためには、まずは波動がどういうものかを知っていただく必要があります。波動とはこれまでの本でも書いてきたように、人間も鉱物も植物も含めて、いっさいのものの原点ともいうべきものです。

現代の科学では人間の体をつきつめていくと、細胞→分子→原子→素粒子（ニュートリノやトップクォーク）になると言われています。素粒子以降は、宇宙エネルギーとされ、そこに波動・気・相があると言われています。動物・植物・鉱物・写真・建物・土地などすべてのものから気が出ており、波動測定器でとらえることができます。

私はLFA（ライフ・フィールド・アナライザー）の波動測定器を使用しています。多くの波動測定器はプラス20（高いエネルギー）、マイナス20（低いエネルギー）の数値で表され、マイナス度が多くなるほど悪く、プラス度が高くなるほど良くなります。

例えば、痛みマイナス3くらいの思念が憑いていたとすると、痛いけれど激痛ではないので、仕事も我慢すればできます。それ以上になってくると、憑いている数が増えてきて痛くて我慢できなくなるというように、ますます悪化してきます。それらが取り除かれると、もとの身体に戻っていきます。

私が使用しているLFAの波動測定器には、神経系・消化器系・呼吸器系・感染症・細菌・感情、チャクラ・色・ビタミン・食品・虫など、すべての分野に至るまで、事細かに4ケタの数字やアルファベットの組み合わせでさまざまなコード番号が書かれています。自分が測定したい項目の単語を選び出し、そこに書かれたコード番号を波動測定器にインプットして、それに対してマイナスなのかプラスなのか見ていきます。

コード番号によって波動測定器の中にそのくわしい内容がインプットされているわけではないようですが、摩訶不思議なことにすべて現実と一致してしまうのです。癌《がん》やウイルス・細菌の写真では、本当にそのとおりに測定でも同じように出ます。事件を起こした犯人には、怒りや偽りと測定結果が出てきます。

こうして、人間や動物、植物や食品などに憑いている霊・菌・ウイルスの有無や数量などが把握できます。なお、本文には多くの数値が出てきますが、それらの数値は私自身がセンサーとなることによって測定したものです。人によって多少違うとも言われているので、その人がすべてを測定すれば基準データーは合ってきます。本書の中の測定はすべて私が測定した結果のデーターということをご承知ください。

額にはその人のほとんどの情報がインプットされている

波動を測定したら、憑いている人や動物、物からそれらを取り出して浄化、天国にいっていただくというのが未来波動の実践法です。

浄化に使うのは神様に相談して、試行錯誤のうえに完成した「光カード（神様の光）」です。やりかたはとても簡単で、送られてきた写真（カメラに写ったままでもＯＫ）の上に光カードを5～10分載せるだけです。実際に波動測定器で測定してみると、菌・ウイルス・霊・放射能まで消えていることが実証済みです。

研究を続けるうち、波動測定器の上に光カードを載せると、今まで見えなかったものが見えてきて測定できることもわかってきました。２０１６年のことです。ちなみに、光カードを波動測定器から降ろしたら、一般の波動測定器に戻ってしまい、うわべだけの測定しかできなくなります。

見えてきたのは、人の額にあるその人の全身のデーターです。昔から仏様の額には印がついています。仏教では印堂と言われ、ヨーガではエネルギーの集結部で主要チャクラの一つにも数えられています。実際に額にどんなものが、どれだけ存在しているのか探ってみると、私の額には14段階の断層が積み上げられていました。それらは菌、ウイルス、老化、毒素、悲しみ、妄念、動物霊がインプットされていた断層で、身体の左ひざ裏表、左尻、目、目の下の目袋などから発せられる症状と一致していました。

症状は白内障、海馬、動脈硬化、代謝マイナス、尿失禁、ヘルニア、シーター波マイナス、充血、皮膚マイナスというように、すべて自分が若い時から持っていた持病のようなものでした。もちろん、私は以前から浄化しているので、昔の持病の残骸などばかりで数的にも少ないので何の影響も受けていませんが、出てきたところには違和感が出てくるので常に全部浄化しています。

その後、テレビに出ている有名人の額も測定しました。ある方は11段階の断層がありました。別々の階層に霊やウイルス、同じ菌が存在していることもありました。性格は自己中心、道徳感、協調性、感謝、もくろみがマイナスの霊と、プライドの高いヒステリーのキツネに憑かれているので、その性格が出てきてしまうようでした。それらが浄化されれば紳士になれそうな人でした。病気は疲労菌などで、それほど悪い要素は出ていませんでした。

10日後にも同じ人を測定してみました。すると、今度は21段階あって、新たに動物が2種類増えていました。それ以外には、やはり先日測定したと同じものが何回も出ました。以後、いろいろな人の額の情報を調べると、20階層、50階層以上の人もいることが判明してきました。

これはたいへんなことです。1階層に5分ずつかけて浄化していくと、12階層の人でさえ1時間もかかります。断層が多い人では浄化が終わったそばから血液の中に次の断層が出来てしまい、1日中浄化し続けなければいけないことになります。

そこである実験をしてみました。夜、自分の写真を「光カード」に挟んで就寝するのです。すると、そこにインプットされていたものは朝までに次々と浄化されてきれいになっていました。インプットされている情報が多い人なら、朝も写真撮りしてカードに挟んで仕事に行ったり、家事をしたりしていれば、どんどん浄化されていきます。いずれにしても、この事実から「自分のことは自分で浄化していってもらわなくては間に合わない」という結論に至りました。

２０１７年2月、ある宗教がテレビで盛んに報道されていました。そこには創始者にインプットされているのと同じ妄想霊が、幹部や熱心な信者の方の額の一段目や二段目、あるいは五段目に入っていました。だから、宗教団体は同じ思想になってがんばれるのだなと拝察させていただきました。

お額に神様がついておられる方々

霊の波動はプラス20止まりなのですが、人の額の測定をするとプラス40億という高い波動を持っておられる方が測定できました。

これは普通の波動測定器では測定できません。波動測定器の上に波動の高い「光カード」を置いたときだけ見られます。高い波動の方には、男性の神様がお一人、女性の神様がお一人、さらに、男性と女性お二人の神様（観世音菩薩様）、女性お二人の神様がついてくださっておられる方、さらにもっと多くの神様がついてくださっておられる方といろいろです。また、男性でも女性でもない波動の高い方（エンゼル）がついてくださっておられる場合もあります。

身近な方、有名人、政治家、タレント、アスリートなど、私はこれまでに気になるお方を測定してきましたが、自分のことだけでなくまわりへの気配り、感謝を持つ方に神様がつかれていることがわかり、なるほどと納得しています。

世界を見渡すと、ノーベル平和賞受賞者である、キング牧師、佐藤栄作、マザー・テレサ、ネルソン・マンデラ（元南アフリカの大統領）、金大中、オバマ大統領、劉暁波《りゅうぎょうは》（リウ・シャオポー）、マララ・ユスフザイ、ゴルバチョフ（ソ連元大統領）、また、ヨハネ・パウロ2世、杉原千畝《すぎはらちうね》、ダイアナ妃、ボリス・エリツィン（ロシア初代大統領）、ワイゼッカー（元ドイツ大統領）といった方々にもつかれていました。

お名前は控えますが、ブラジルのリオデジャネイロオリンピックで活躍された多くの方々にも神様がつかれています。努力の証しや精神を、世界に向けて発信するお役目があったのかもしれません。また、最近は医学会から現代医学に警鐘を鳴らす医師も現れています。西洋医学の矢面に立つような本も出ていますが、それらの著者には神様がついておられる場合がほとんどです。自分を犠牲にしても正しいと思ったことを貫く、という生きかたにそれが表れていると思います。

日本国の象徴でもある天皇陛下ご夫妻、皇太子ご夫妻にも観世音菩薩様がそれぞれおつきになっておられます。ちなみに、「日本をひな型にして世界が出来た」とか、「日本から16人の王子が世界のあちこちに派遣されて、それぞれの国の土台が作られた」という説があります。最近ではその証しとしてピラミッドなどから発掘された埋蔵品の中に、日本の象徴でもある菊のご紋章などが出てきています。それが真実だということも、神様との対話で確認しています（「第2章　ろねらわゆわ（神様との対話）・瀬織津姫様」参照）。

つまり、世界の人々は兄弟姉妹であり、皆同じ血が流れていることになります。そうなってくると、土地や資源の奪い合いなどしている場合ではありません。世界にはところどころに「利かん坊の子供」が育った地域があります。親元の日本が正しい道理を教えていくのがよいのですが、彼らは聞く耳を持っていません。

そこで、私はテレビに映った各国の大統領などに悪思念霊が憑いているのがわかると、神様のお力をお借りして見た限りはすべて浄化しています。お顔に御光を5分当てるだけで、悪思念をその場でマイナスからプラス思念に浄化できるのです。すると、ご本人に良心が芽生えてきます。

また、ハリケーン、台風、地震の原因にも、悲惨な動物の怒りやストレス、痛み、疲労などの苦しみが多く見受けられます。彼らも同じように浄化して、大空に解き放っています。でも、誰かがやってくれるからそれでよい、とかまえていてほしくないのです。

神様は私たちに「なぜ紛争や地震が起こるのか。その大元の原因はなにかに気づいてほしい」という思いをお持ちです。病気、事件、災害などの根本的な原因に気づき、原因を浄化しながら過去の過ちを学び、未来はそれらの原因を作らないようにする。そんな生きかたを未来の子供たちに伝えてほしいというのが、神様からのメッセージのように思います。

本書の文章も神様に聞いていただいて、間違っているところや不足している部分を指摘していただきました。出版された本の内容は、神様のご意思も入っておられることをご承知ください。

３６００倍率の血液写真に写る、持病の原因

私は以前、こんな疑問を持ったことがありました。

かつては身体に霊・菌・ウイルスがたくさん憑いていることがわかり、どんどん除去していました。ところが、取っても取ってもまだ出てきます。どうなってるの？本当に取れているの？と疑問が出てきた頃、ふと頭の中をよぎる思いがありました。もしかしたら、血液の中にも入っているのではないか？ということでした。

以前家族で血液検査に行ってその血液を写真映像にしてあったことを思い出し、早速探し出して測定してみました。すると、私の勘が当たり、家族それぞれの持病の霊が、耳から針で刺して出た、ほんの１滴の血液の中にいっぱい入っていたのでした。取っても取っても出てきた理由は、血液の中で増殖が繰り返されていたためでした。

この様子がよくわかる例が３６００倍率の顕微鏡で見た、血液画像の写真です。愛知県

のある会社に、ごく微量の血液を採取して３６００倍率の血液画像の写真を撮ってくださるところがあります。この画像で病気の原因、遺伝の事実、性格の問題などが事細かく解明できるので皆さんにおすすめしています。ちなみに、波動教室の代表者7名の血液画像と測定結果を論文にくわしくまとめましたので、別の機会に発表しようと考えています。

人間は一人一人、身体に弱いところを持っています。弱点の数が多い方も少ない方もおられますが、1滴の血液の中を見れば溢《あふ》れるくらいの病名がわかります。私がまだ波動と出合う前の50歳のとき、ある医療機関で検査していただいた時の写真があったので、最近になって測定してみると、1滴の血液の画像から13種類の悪因子が出てきました。

リウマチ、視力低下、乳癌、くも膜下出血、脳梗塞、動脈硬化、アルファ波、腎臓、浮腫、便秘、大腸、手足冷感、乳腺などのマイナス因子がある多数の菌、ウイルス、霊がいました。すべて心当たりがあるものばかりです。40歳のときに乳癌の手術をしましたし、便秘では20年くらい苦しみ、手足は冷えて苦労しました。子供の頃からの眠り病、眠気からくる車の運転でヒヤリとした体験が多かったことも、脳の病気と関係していました。

これまでに３６００倍率の血液画像の所にどんな方をお連れして波動測定しても、全員の方が自分の持病と一致していました。ところが、測定で食道癌、舌癌、子宮癌、C型ウイルス（黄疸《おうだん》）……と数限りなく出ても、病院の検査では出てきません。咽頭の違和感や疲れ、手が黄色っぽくなってくるなど、症状に出ていても原因不明となります。

波動測定ではそれらに影響している菌・ウイルス・霊が「いるよ」と訴えているので、その人がどういった悪因縁のものを持っているのか、把握したうえで浄化していきます。浄化とともにそれらの症状が緩和され、知らないうちに症状がなくなっていることに気づきます。

血液の写真には動物霊などが憑いている方も結構おられますが、本当にその動物とそっくりに写真が写る場合もよくあります。ヘビ、犬、豚、馬だけでなく、変わったものとして水虫、寄生虫、妄想動物、サタン、エンゼル、宇宙霊なども写っていました。みなさんそのとおりの性格、症状が出ています。

例えば、犬がいる方はにおいに敏感で鼻が利きます。豚がいる方は食べるのを止められない肥満体型が多いようです。また、ある方は豚が消化不良の病気を持っていたので、太らなくてもいつも胃もたれで苦しんでいました（「第5章　誰でも浄化ができる体験談・真っ黄色の手・食べ止められないお菓子」参照）。そんなふうに性格も症状も顕著に表れます。

血液に入った菌・ウイルス・霊は増殖して、それが時間とともに固まり、癌の要素を持っていれば癌となり、ポリープの要素を持っていればポリープとなります。痛い、重

・⊖結腸（霊・女）・⊖甲状腺（霊・男）・⊖動脈硬化（サイボー） 5コ

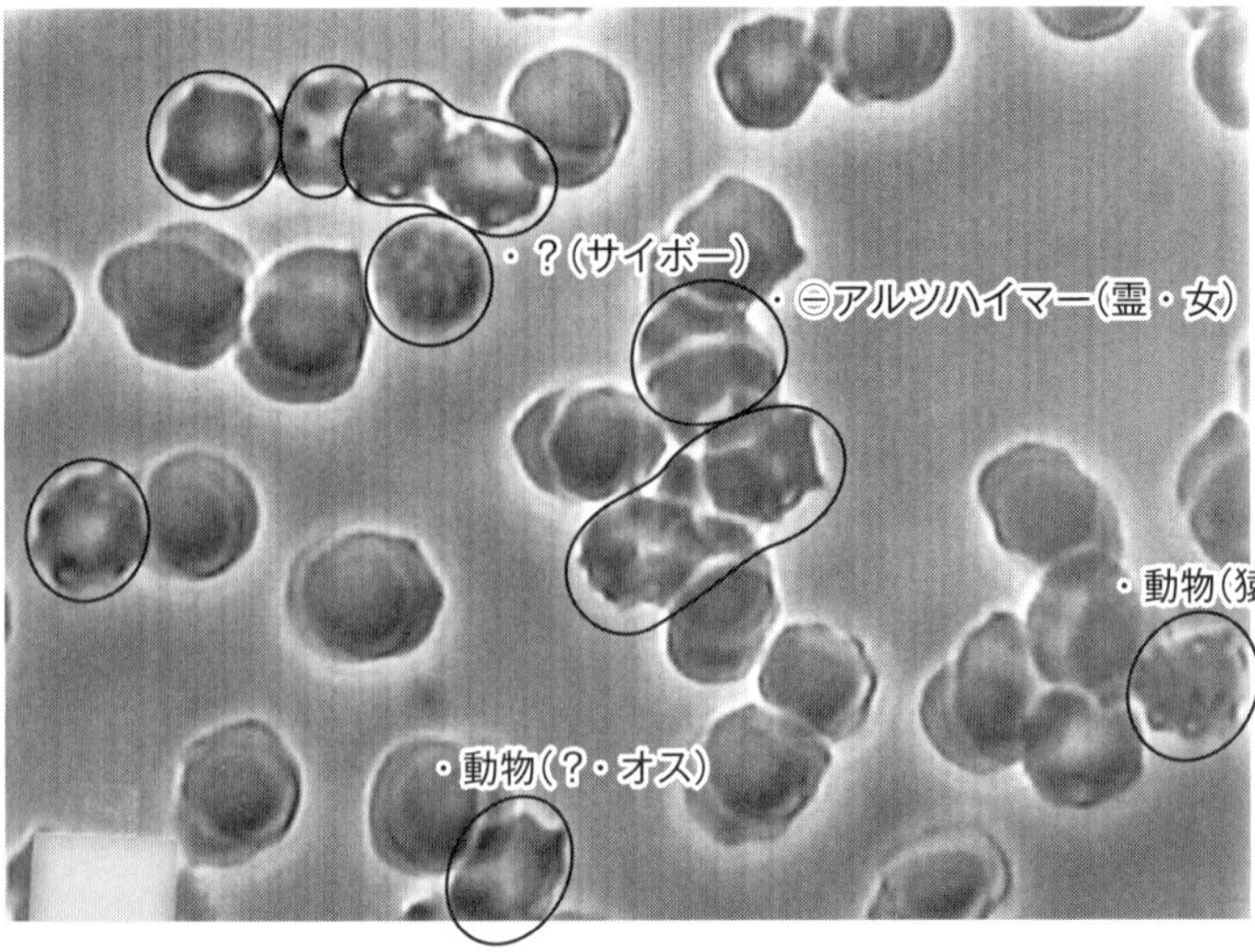

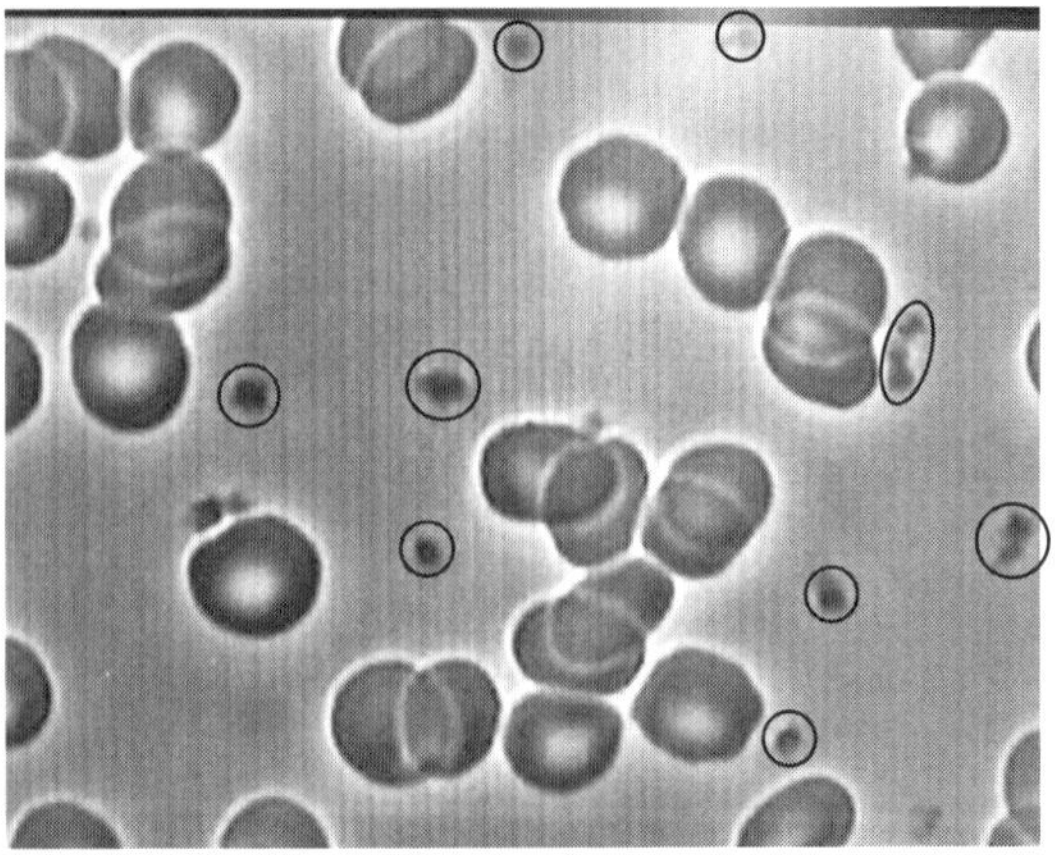

全て細胞、他にもたくさんある

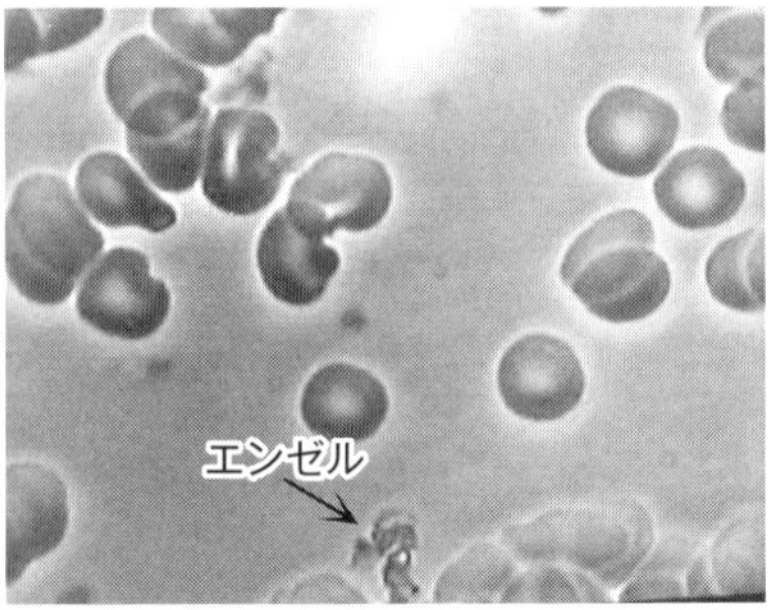

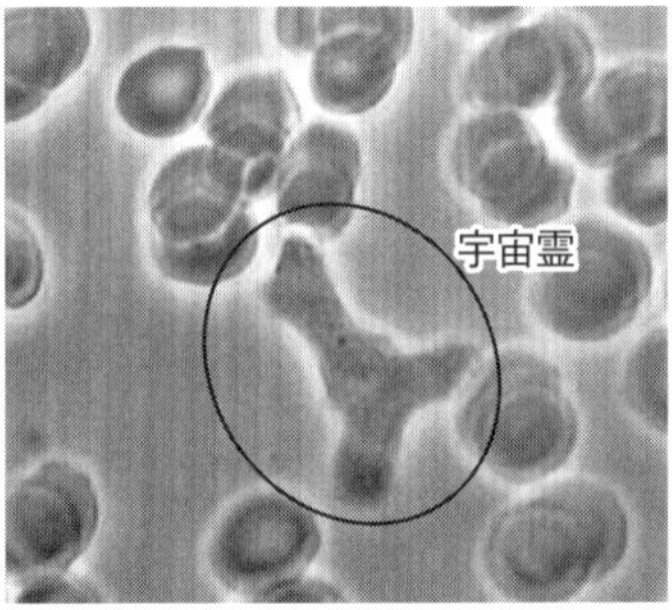

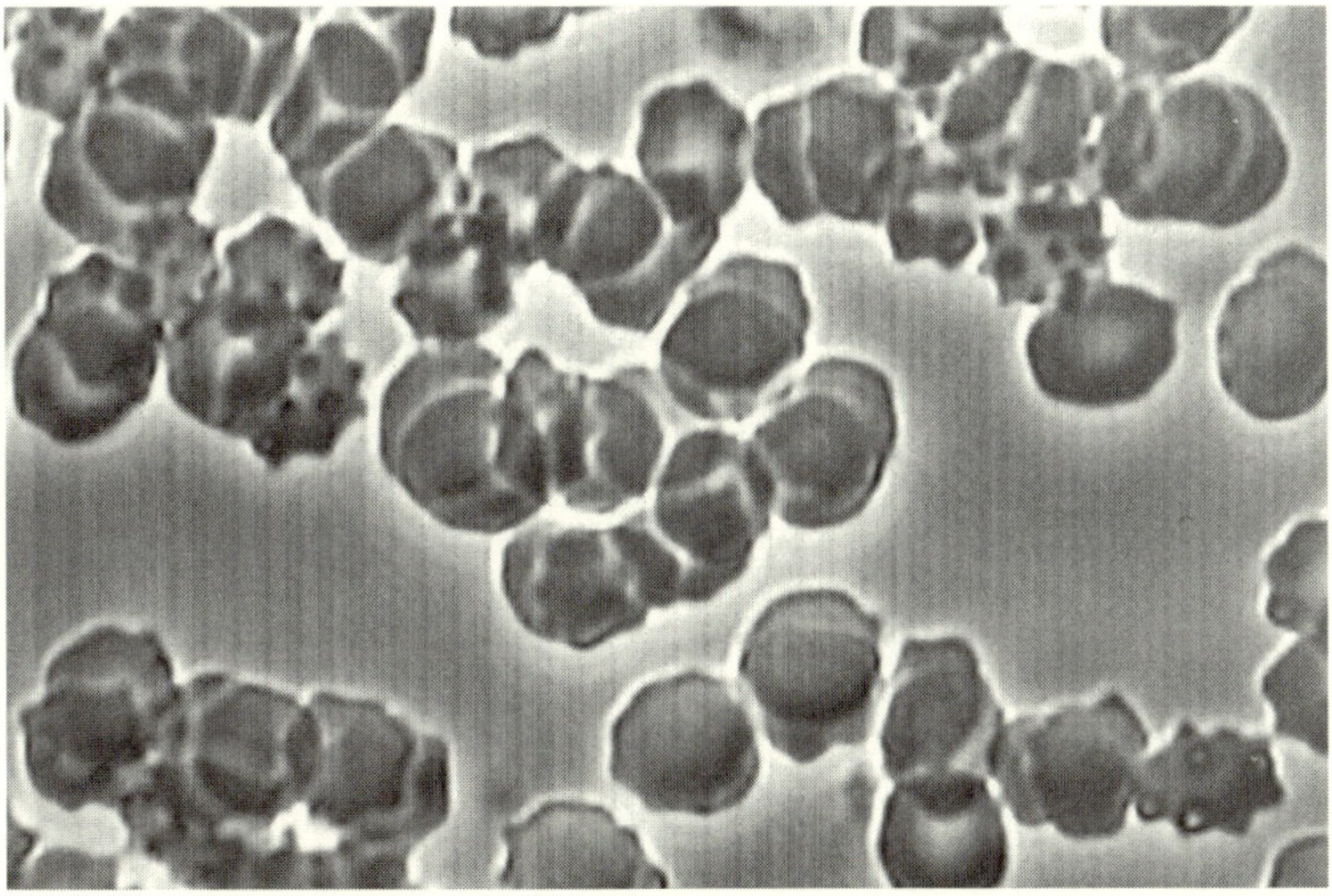
中耳が悪いギザギザのウイルスがいっぱい

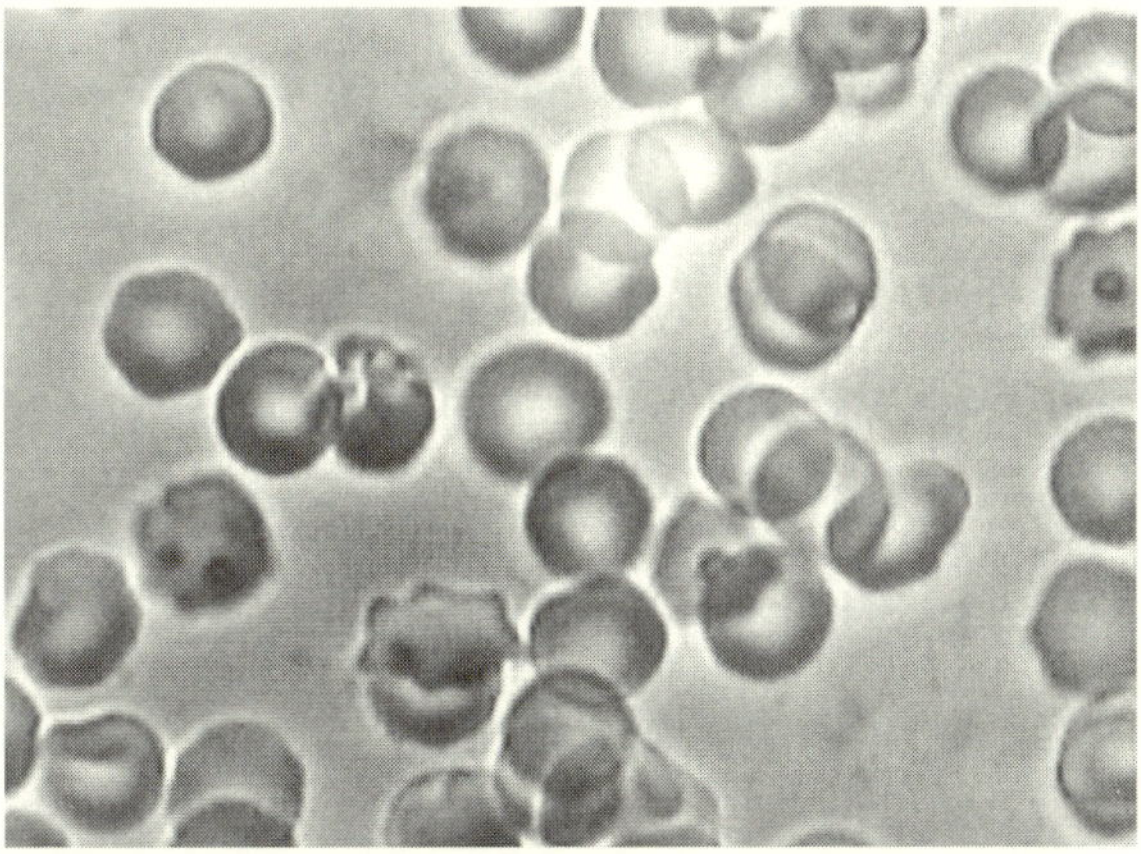
さまざまな動物霊がいっぱい

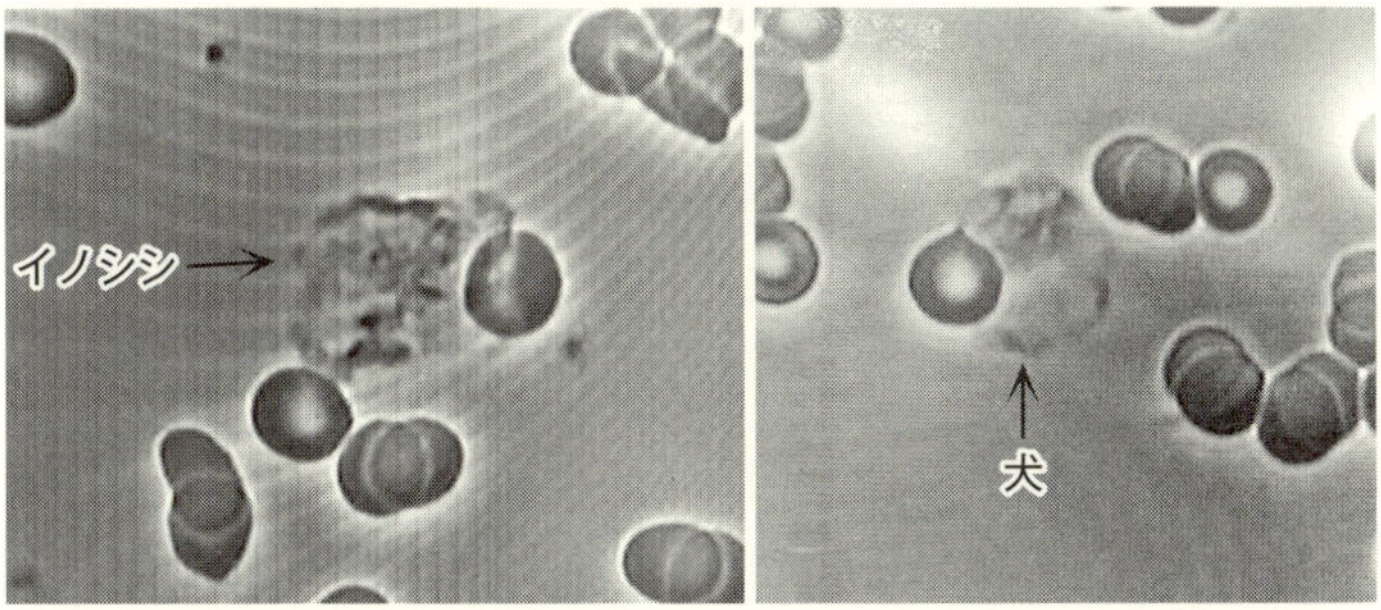

い、痺《しび》れる、痒《かゆ》い、疼《うず》く……といったように、身体の外に溢れる症状にもなります。

未来波動では現在、その原因が遺伝からきたのか、食べ物なのか、薬、健康食品、一般食品なのか、というように、発生場所をつきとめられるようになりました。身体の外に出てきた痛み、痒みなら、光カードで浄化すればその場で開放されます。

最近ではカードの威力も強くなってきたので、深いところまで浄化できるようになりました。波動教室の会員の皆さんは命の次に大切にして、どこに行くのにも持ち歩いて生活をしています。

難病と命名されている数多くの疾病

世界中で数え切れないほどの難病患者が、原因もわからないままに病気で苦しんでいます。

テレビで放送されるたびに、私はカメラを向けて写真を撮り、原因を測定しています。測定するとすべてといってよいほど原因がわかるので、なんとか教えてあげたいと思い、何回かご本人宛にお手紙を差し上げたこともありますが、なしのつぶてです。

先日、発達障害に苦しんできた、あるお二人の実話がご本人も登場して放送されていました。早速画面の写真撮りから測定してみると、原因がすぐに判明。一人の方は、赤ちゃんのときから額に発達障害の象徴的な動物であるサルの霊が憑いていて、それが大きくなるに従って増えていました。

もう一人の方は子供の時から鳥の霊が憑いていました。やはり、大きくなるに従って増えていました。その番組では世界の有名人で発達障害を公表している方々４名も紹介されました。その顔写真を測定すると、熊、ヘビ、牛、猪といった動物霊が憑いていました。ヘビ、豚、犬、馬、猪に憑かれている方は多く見られます。私の次男にもかつて、馬（オス）が憑いていました。息子は子供のときから加齢臭のような臭いがあり、着ている物や布団が臭くなり、部屋へ入るとプーンと臭っていました。「何で臭いんだろうね？」と夫とよく話をしていたものです。

やがて、４歳頃になって、出血したら止まらない「突発性血小板減少性紫斑病」という難病にかかりました。厚生労働省の指定難病で助成対象疾病のため、医療費はかかりませんでしたが、症状は深刻でした。鉄欠乏貧血、Ｂ型肝炎を起こしていて、肝臓の働きを調べるＧＯＴ（アミノ酸をつくりだす酵素の一つ）の数値は普通の人で平均50くらいのところ８５０もあり、「肝臓を広げて寝ていないといけない」と指示されて入院しました。主に鼻からの出血があり、鼻を止めると口の中から噴出して、部屋の中が血の海になってしまうこともしばしばでした。

当時、病気に対する薬がなかったのが不幸中の幸いで、薬の副作用の心配だけはありませんでした。血を出にくくする薬や鉄剤は処方されましたが、捨てていました。その頃の私は長男が1歳1カ月で亡くなっていたこともあり、医療への不信感がありました。薬は毒と思っていたので、長男が亡くなってから勉強した「手かざし」だけを頼りに、時間をかけて施していました。

次男はその後、正常の数値に戻るのに何年もの歳月を要しながら、薬を飲むことなく元気になってくれました。今では人一倍元気な息子ですが、たまに馬が出てくると臭うことがあるので「臭いよ」とわざと言って、自分で除去するように促しています。除去するとすぐに臭いもなくなります。

最近、彼の難病の原因を改めてくわしく調べてみました。すると、馬（オス）だけでなく、熊（メス）も同時に出てきました。熊もいたの⁉と驚いて、もっとくわしく見るために生まれたときからのアルバムを取り出して調べました。

すると、生後2週間目の額にすでに熊が憑いていました。その熊がB型肝炎、突発性血小板減少性紫斑病、鉄欠乏貧血を持っていました。次男はアトピーでも大変苦しんだのですが、それも熊が原因だったとわかりました。6歳頃から熊に代わって貧血と臭素マイナスの馬が登場してきました。学生の頃は下痢も頻繁にあったようですが、その頃の写真の

1枚には、何の動物かわからない下痢と臭素がマイナスの動物が憑いていました。

わかっただけでも3種類の動物の疾病で、次男は苦労したわけです。私や夫にその要素がないので、どこからきたのかわかりません。食べたものの中に入っていたのかもしれません。いずれしにろ、ずっと親子ともども苦しんできた病気は、病気の熊や馬に取り憑かれていたのが原因だったのです。私がこのような道に進んでいなかったら、今も解明することなく、難病でますます苦しんでいたに違いありません。

子供の頃、命の分岐点まで行った次男ですが、おそらく彼の血液の中は難病の問屋のような状態だったことでしょう。40年近くたった今でも、症状や病気としては出ませんが、血液中にはまだ残っているようでたまに出てきます。

私自身もその事実をよく体験していますし、私のところに相談に来られる皆さんも同じ体験をされています。でも、浄化してから時間経過とともにまた出てくるケースは特に心配なく、すぐに浄化すれば気分も晴れ晴れしてきます。憑いている動物は人間の症状と同じ苦しみを持っているので、動物霊を浄化すれば人も動物も一緒に浄化されて楽になるので、霊も喜んでくれます。

病気を持っていない動物霊が人に憑いている場合もあります。その動物の特徴が活かせる分野のアスリートに多く憑いているのが見受けられます。先ほどの次男は走るのが好きで陸上部に入り、大きくなるに従ってスカイダイビングやスキー、自転車というように外遊びが大好きなスポーツマンになりました。考えてみれば、馬の要素をもらっていたようです。

時に動物の凶暴性がテレビでニュースになります。外国で象が大暴れして、車数台と100棟を破壊して捕獲された事件がありました。その画像を調べてみると、象は神経異常のウイルスに侵されていました。シマウマが逃亡して捕獲に手こずった事件では、シマウマには怒り、恐怖、さらに象と同じく神経異常が出ていました。

また、目が見えない猿が寒そうにしているテレビ映像が気になったので調べてみると、目に緑内障の症状を持って亡くなった宇宙霊（宇宙霊については第2章で後述）の女性、リウマチの冷えと痛みは宇宙霊の男性の症状が出ていました。気の毒なので霊たちを浄化したら、仲良く空の彼方に消えていきました。

あるテレビ番組の「ぬいぐるみに恋した猫⁉略奪愛の相手は？」という映像には、猫のオスが隣の家からぬいぐるみのトラをくわえて歩いている姿が写っていました。その猫には性中枢がマイナスの霊が憑いていました。

ちなみに、人間が性中枢マイナスの霊や菌、ウイルスに憑かれてしまうと、本人の理性が失われ、我慢ができなくなります。今まで婦女暴行にまで及んでしまった有名人がたくさんおられますが、全員といってよいほど性中枢マイナスの何かが憑いていました。アメリカでは抑制が効かないまま、自分の子供を地下室に閉じ込めて行為に及ぶなど、聞くに堪えない現状が溢れています。行為は強く批判されるものの、そのようなものに憑かれたら誰もが理性が効かなくなると思われます。考えてみれば、とても不運な方々です。

血液の中に性中枢マイナスが入っていると、血液や母乳を通して子供にも遺伝します。そんなことを考えると1日も早く、そういった状況を把握し、お掃除を始めなければどのような世の中になるのやら、心配の種は尽きません。これはすべての病気、犯罪の根底に当てはまることで、人ごとではなく明日はわが身と考えてほしいのです。霊・菌・ウイルスは浄化すれば除去できます。皆さんがこれらの事実を理解して実践してくだされば、解決できることです。

こんなことまでわかるお話

テレビ映像からはいろんなことがわかります。

あるとき、捨て猫の話が紹介されていました。捨て猫だったグレ子が大きくなると、同じ捨て猫の子供を連れてきて育てるようになりました。また、その家で飼われていた手に負えない凶暴な犬を、猫らしからぬ振る舞いで人間でもできないしつけを教えて、見事に賢い犬に変身させたのです。

私はグレ子には神様がついているのでは?と思いました。急いで映像からグレ子の写真を撮って測定すると、思ったとおり、観音様がついていました。このとき、グレ子が来世では人間になれるのではと感じました。飼い主の方も野良猫や殺処分間際の凶暴犬を引きとって育てておられるそうで、この方にも観音様がついておられました。

こんな話もありました。野良猫だったオス猫がメスの野良犬に恋をして添い寝までして仲良くしていました。やがて、メス犬が脳の病気で歩行が困難になっても、オス猫は歩行を助け、かいがいしく看病していました。メス犬の映像を調べると、脳梗塞の宇宙霊が憑いていたので浄化しました。これで少しでもオス猫の看病が楽になって仲良くしてほしいものです。

さて、ここからは波動を測定すると、こんなことまでわかるというお話です。

アメリカのスパイ数人とロシアのスパイ10人が政府間で交換された、というニュースが以前にありました。アメリカのスパイの写真は出ませんでしたが、ロシアのスパイ10人の顔写真がテレビに映ったので測定してみると、動物霊のヘビが1人、犬霊が3人、妄念霊が2人、恨み霊が1人、宇宙霊が3人に憑いていました。性格ではもくろみが4人、虚偽が6人でした。スパイという特殊な分野において、憑いている霊も良く似た感情を持ち合わせているとわかった、興味深い事柄でした。

また、飛び降り自殺をされた10代の超有名アイドルの自殺の原因がわからないと伝える番組もありました。その方の額を調べると、うつとストレスが最高の数字でした。飛び降りた場所には、うつとストレスで亡くなった霊の波動もありました。ご本人は病院に運ばれたと思いますが、霊はそこに残っていました。

外国でタバコを吸う2人の幼児の報道もありました。大人が隠しても隠しても、自分で探してきて吸ってしまうというのです。幼児を調べてみると、いずれもタバコ中毒の霊がいました。憑いている霊が幼児の身体を借りて吸っているだけなのです。

行方不明になった2歳の子供の報道もありました。写真が出たので測定したところ、妄想ともくろみの妄念霊が憑いていました。結局、2キロも離れた山の中で見つかったわけですが、2歳の子供の知恵で行けるはずもなく、憑いていた霊の誘導によって起こってしまった出来事と思われます。そんなことが日常茶飯事に起こっています。

解明できるのは悪いことばかりではありません。10歳のときに書き留めた言葉集が10万部のベストセラーになって、哲学者と呼ばれている中島芭旺《ばお》くん。この男児には観音様がおつきになっていて、女性の神様が夢、妄想の考えを持っておられるので、この神様の波動をたくさんいただいているようです。

生物の不思議な現象も波動を調べてみると解明できます。大量のイワシ、イルカ、クジラなどの死骸が海岸に打ち上げられた映像がよくニュースで出てくるので、私はそのたびに原因を見てきました。インフルエンザウイルスだったこともありますが、ほとんどの場合、放射能のセシウムが魚のエラに見受けられました。

放射能といえば福島からと考えがちですが、東日本の震災が起こる前に海外の沿岸で何キロにもわたり、ニシンが打ち上げられたニュースも報道されていたわけです。ということは、福島でなく、どこかの国で放射能を海に放出しているということになります。海だったら広いので、薄まるとでも思っているのでしょうか。

国内最大の珊瑚礁の6割が死滅したというニュースもありました。映像を調べてみると、死骸にはリウマチ菌がいっぱいでした。これらの映像をあちこちからたくさん写して浄化すればリウマチ菌はいなくなり、珊瑚はまた蘇《よみがえ》るに違いありません。

そのほか、タイには水の中から火の玉が出てくる現象があるそうです。この謎をつきとめにいくというテレビ番組の映像から4枚の写真を写して調べたところ、正体は悲しみの霊2霊、妄念霊2霊、動物霊、猿霊、うらみ霊、虚偽サタン2霊と測定できました。

波動項目の中には、サタン39A1というコード番号があります。サタンでマイナスが出たすべての霊は、感謝・自己中心・虚偽・協調性・道徳等の項目にマイナスが多いです。そして、報道された巨悪犯人ほどマイナスの数字が高く、身の回りでよく測定されるサタンはマイナス波動が出ても数字が低く出るので、世間を騒がすまでにはいかない傾向があります。

サタンで思い出すのは、２０１６年にプロ野球の球団で戦力外通告された選手が、テレビで取り上げられたときのことです。打者のバットが折れたものが飛んできて、運悪く足に刺さってしまった一人の選手がいました。その映像を調べると、そこに筋肉組織、もくろみマイナスのサタン霊が憑いていました。事故の多くはこういった因果関係が多く見受けられます。そして、そのまま居残って悪影響を与えることも多いのです。

箱根駅伝のときに兄弟でがんばっている方で、いつも兄弟で1、2位を争っていたのに、ある大事な選考試合のときに限って番外になり、一人だけ選考から外されたという話がありました。そのときの写真を見てみたら、もくろみマイナスのサタン霊が憑いていました。それからのちの写真ではいなくなっていたので、大切なときにサタン霊に邪魔されたようです。

私の身近な例もあります。私のところに来られたある女性の悩みは、毎年必ず、ご本人と4人の子供のうち誰かが事故で入院するのが続いているというもの。測定したところ、全員に自己中心の恨み霊が憑いていました。

2016年4月22日16時27分には、新名神高速道路の工事現場で橋げたが落下して、死亡者2名、負傷者8名という大事故が起きました。調べると、感謝、自己中心、怒りのサタン男性が事故現場にいました。今後のこともあるので、翌日浄化しておきました。

2016年の大みそかのボクシング対戦をテレビで見たときには、つい、何か憑いていないかと調べてしまったために、また複数の選手に霊を発見してしまいました。怒りのサタン霊が憑いているのが二人、怒りの恨み霊が一人にいました。

相手選手と平等になって戦ってほしいという思いから、3霊とも浄化しました。特に怒りのサタン霊は凶暴過ぎるため、危険を感じたのです。結果、ありがたいことに、とても良い試合になりました。

このように試合中、大会の最中でも映像さえあればその場で浄化したり、改善させたりできます。ただし、テレビにたくさん出てくる病気の方の浄化はしないようにしています。あまりに数が多過ぎて限りがありませんし、私の浄化によって良くなっても、そのときの治療法や薬の効果と勘違いされて、ますます薬漬けとなる悪循環になりかねないからです。動物たちは痛みや苦しみを口にできないので、見つけた限りは全部浄化するように心がけています。

位牌から事件の真実が見えてきた

２０１７年のお正月、鳥取から私のもとに３人が来られました。

そのなかのお一人の長男が６年前に不審死で亡くなっていました。母親として無念をはらしたいために努力してきたものの、証拠もなく打つ手もないまま、お友達に悩みを何回も相談していたのです。そのうちに、「死者との対話で証拠を見つけ出せないだろうか？」との考えから、お友達がご本人をお連れになりました。

話は長男Ｋさんが、合コンで知り合ったある女性と授かり婚をしたことから始まります。このとき、Ｋさんは「子供が出来た」と女性から告げられたものの、胎児の妊娠月数が自分のお付き合いした期間と合わなかったのだとか。

ふたりはすぐに親元を出て、アパートで暮らすようになりました。その半年後、Ｋさんは妻が作ってくれた弁当を会社で食べたあと、自分の仕事場で倒れているところを発見されました。すぐに救急車で病院に運ばれたものの、３時間後にあっけなく死亡。死因は心臓発作との診断でした。しかし、その後、不審な点が出てきたのでお母さんはＤＮＡ鑑定をお願いしましたが、応じてもらえず、解決の道を探してきたのです。

私のところに生前のＫさんや奥さんの写真、仏壇、位牌の写真などが送られてきました。調べてみると、位牌につかれていたKさんは成仏されておらず、マイナスの魂のままでした。波動を測定してみると、水銀、薬害、胃がマイナス。そのことを告げると、「そう言えば、遺体の胃の近くの骨が緑色をしていた」とのことでした。

とりあえず、魂をすぐ浄化するために、もう1度、位牌と供物をあげた写真を送ってもらいました。ところが、調べてみると位牌にKさんはおられず、代わりにメス牛の霊が供物のご飯と柿を食べて水を飲んでいました。位牌に浮かばれていない牛が憑いてしまったようです。Kさんは自分の位牌につけず、仏壇の端におられました。

メス牛が憑いていることを告げると、「昔、実家で飼っていた子供を産んだメス牛かもしれない」とのこと。こちらのお宅では実家の仏壇もいっしょにお守りしているそうなので、実家の牛がここにいたのかもしれません。まずは牛を浄化してからKさんに位牌に戻ってもらいました。

一段落してから、ふと私は骨が証拠物件になるのでは?と気づいて、お墓で骨の写真を撮ってもらい、送られてきた写真を調べました。すると、たくさんの骨の中で水銀、薬害、胃がマイナスになる緑色をした骨がありました。ほかに2体(肺の病気、鬱で亡くなった二人の男性)がおられました。相談者の女性に確認してみると、お二人とも波動を測定して出た結果と死因が一致していました。

次に、魂から直接お聞きしてみました。私は２０１６年より神様や魂との対話ができるようになっていたので（「第2章　ろねらわゆわ（神様との対話）」参照）、Kさんの魂との対話も確実にできる自信がありました。「息子さんに一緒についてくるように話してきてくださいね」とお願いして、お母さんが来られたらすぐに対話を始めようとしましたが、調べると一緒について来ていません。仕方がないので、先日送っていただいた写真の中に宿っている魂に、瞬間移動で来ていただきました。

対話は神様でも、人の魂でも、霊・菌・ウイルス・宇宙霊・細胞君でも、同じ方法で行います。まずは質問を書いて、質問の答えもいくつか用意します。そのなかで合っているところへ霊に来ていただきます。それから写真を撮ると、お聞きした方（Kさん）と同じ波動があるところがその方のお答えになります。

質問を進めて返ってきた答えを箇条書きにしてみます。

答「子供はKさんの子供ではない」

「携帯電話のメールや子供の写真を、本当の父親に送っていたのを見た」

「自分の死後、妻の家へ行って毒混入の会話を聞いた。お昼の弁当箱を（Kさんの）母親に渡さず、部屋にも入れなかったのは妻が証拠を隠滅するためだった」

最後にKさんにお聞きしました。「死後、いろいろな事実がわかってきましたが、無念の気持ちを晴らしたいですか？」の問いに「はい」のお答えが返ってきました。そして、お母さんが考えている今後の計画を伝えて、「それでよいですか？」の問いに「はい」といただいて対話を終わりました。位牌からは水銀による死因、お墓の骨からは水銀混入が解明され、真実がわかってきました。早い事件解決を期待しています。

菌、ウイルスでも対話可能

ある日、パソコンが使用不可能になってしまいました。機械は大の苦手分野なのでさっぱりわかりません。執筆中でもありますし、私にとっては一大事件でした。

とりあえず写真を撮って、悪いものが憑いていないかを見ると、スイッチのところに宇宙霊のサタンが憑いていました。私たちが進めていることの妨害にきたの？と考えて、1度神様にお聞きしました。

宇宙霊さんとの対話でわかってきたことは、こちらに来られているAさん（ある大手会社課長）の態度に我慢ができない！とのことでした。その頃、臭いの強い宇宙霊がたくさん出てきていたので、Aさんは警察犬の霊でも憑いているのでしょうか？まわりの臭いが敏感に察知でき、「こんな臭いやつがいっぱいで、もう我慢できない」と言って、片っ端から同僚の浄化をしていました。私が、彼は皆さんの浄化を心掛けていてくださるのだから良いことではないのですか？と言うと、それはありがたいけれど、「宇宙人のくそやろう！」と目の敵にしてののしっていてあまりにもひど過ぎて、我慢も限界だというのでした。

私たちも神様にお聞きするまで、宇宙霊は悪い害のあるものと、好ましく思っていませんでした。そして、それ以上に彼の口から出る憎しみの言葉は尋常ではありませんでした。神様に宇宙霊のことをお聞きすると、侵略とか悪いことの目的で来ているのではないとのお答えでした。

彼女の目的は、仲間を助けることだそうです。私にできることは、「今度彼が来たときにその旨を話しておくから、今日のところはそれで許してください」と申し上げると仲間の所へ帰っていかれました。彼女の強い思いが、サタンというコード番号で引っかかったのでしょう！とても仲間思いの優しいサタン宇宙霊でした。

サタン霊も、宇宙霊も良い方たちで、それらの霊魂たちと対話していけば、今まで浄化しても浄化しても、減少しなかった症状が魂と対話できてきたところからなくなってくるということにつながるというすごい事実がわかってきました。

後は、菌とウイルスが早く浄化できるようになってくれるといいな！と思って神様にお聞きしてみました。すると、菌とウイルスとも会話しなさいと言われたのです。ええ！それって言葉わかるの？って信じられない私でした。でも神様が言われるのだからやるしかない！そう思った私は、身体から出てきた菌やウイルスにいつものように話しかけました。すると、全員がこちらの言うことがすべてわかり答えてくるのでした。とても、純真で素直な印象を受けました。別れ際には、いつまでもここにいてもらいたいと思うほどいとおしくて仕方ないほどでした。なぜ素直に感謝ができるのか？と思い当たるのは、私が身体の中から外に出してあげて、また苦しい所をもう1回浄化してあげると、出てきたほとんどの霊、菌、ウイルスは全員魂になり、苦しみがなくなります。（波動でも、菌やウイルスも魂と出るようになります）そこで、「皆さんは神様の御光で外に出れて、なおかつ苦しみも癒やしていただけたのですよ！でも、まだつらい方がおられたら正直に言ってくださいね、ここには神様がたくさんおられますので、癒やしていただけます。全員の方にお聞きしていますので、お答えお願いします」と言って、以下の4択から選んでもらっています。

①とても良い気持ちです。

②地獄から極楽に来たくらい良い気分です。

③まだ、少しつらいです。

④今までと変わっていなくつらいです。

　すると、99％の魂が②を選んでくれます。皆さんは亡くなって苦しみの実態を何十年も体験された方たちなので、そのありがたさをしっかり心に受け取ることができたからだと思います。そして、ある時まだ変わらないと答えた方がいたので、本当なのかどうか調べると、確かにまだ痛みとか疼きとかがしっかり治っていませんでした。皆さんと同じに浄化しているのに一人だけ治らないということは、どういうことなのか？また私の追究心が始まって調べると、もともと性中枢、精巣、痛みがマイナスの方でしたが、それがまだしっかりプラスになっていませんでした。そこで「あなたは、生きている時に婦女暴行とかやりましたか？」と聞くと「はい、しました」という答えが返ってきました。そういう罪を犯したことが、死後の世界であがなわされているのですよ。あなたが犯した何百倍もの苦しみが待っていたことを体験できましたよね。皆さんに同じように御光を差し上げたのだけれど、あなただけ痛みが取れなかったのです。しかし、正直に打ち明けてこられ、死後の苦しみも十分悟られたようなので、今日は神様にお願いして痛みを取ってあげますので、今後はたくさんの方をお救いさせていただく魂となってくださいね」と言ってプラスにしてあげました。またこんな方もいました。私が2日間続けて朝の4時頃まで眠れなかったことがありました。何が来ているの？も～誰なの？犯人を見つけなくては！不眠症が来たとばかり思っていたら、副交感神経の悪いウイルスが見つかり対話することにしました。「2日間私のところに来ていましたが、伝えたいことがありましたか?」と聞いたら「そうです」と。私が対話しているのを見て来られたと言われました。聞いていくと、元は人間の女性だったが、ウイルスになってしまったとのこと。そこであなたは、多くの人に昼と夜の反対の生活をさせていたのですか?の質問に「はい、そうです」と答えられ、次のことを言いたくて2日間私の元にやってきたとのことでした。

①間違ったことをしてしまったことを非常に後悔しています。

②そのような事実を皆さんに伝えたいと思う。

③そのことが現在自分にできることの一つです。

生きていた時に間違ったことをしてしまった結果は、死後の世界に反映し、人間から格下げでウイルスになってしまい、自分が犯した罪と同じ副交感神経が影響する夜と昼が反対の症状も罰として与えられていました。

このようなことを通じて皆さんも自分の生き方が神様に称賛していただける人生か考えてみるのも良い機会ではないでしょうか!

薬漬け日本

日本は世界で薬の使用量が一番多い国と言われています。

波動教室に来られている方で30代から薬を飲み始め15年間も飲まれておられた方が来ていました。その方はその頃には、もうほとんど起きていられない状況になっていました。まだ40代の若さで夢も希望もなく毎日押し寄せてくる身体のさまざまな弊害、不安、恐怖、悪寒、痛み、吐き気、頭痛、眠気、不眠、痴呆、パニック、残尿感……すべての器官が異常をきたしていました。

その方がある日の会場の時、自分が飲んでいる薬を測定してほしいとどっさり持ってきました。あまりにも多過ぎる量だったので、9種類あった10粒の1塊ずつを用紙に張りつけて一覧表を作って調べました。

抗うつ剤、パニック発作止め、高脂コレステロール、パニック安定剤(2種類)、甲状腺、高血圧、痛み止め、善玉菌の9種類でした。

7種類の薬が、脳梗塞、海馬、痴呆に良くないことがわかりました。そして、それらすべての薬のところどころに霊、菌、ウイルスが混入されていることがわかりました。それらの混入されていたものによって、また新たな病状が発病し悪化されていったこともわかりました。彼女の症状と混入されていたものとの症状がドンピシャ一致していたからです。そして、私たちは、その霊、菌、ウイルスを身体の中から取り出すことができるので、その薬と合致していることが、手に取るようにわかりますし、その場で悪かった症状もなくなり結果も出ますので、真実だということが証明できるのです。それは、会員でなくても誰でも同じ結果が出てきます。

そして、頭の方もぼけの状態になっていて、買い物もできない、家事もできない状態になっていました。こちらに来るようになって、ようやく原因がわかり、日々浄化をするようになってきて一歩ずつ解消してきて、今やっと昔の頭に戻ってきたところだと彼女は言います。ここまで来るには、何度も挫折しそうになった彼女でしたが、家族の協力と私たちの信念を信じてついてきてくれた賜物《たまもの》だと思います。

もう一人の女性の方で、10歳から17歳まで7年間腎臓が悪くて、ネフローゼ、血圧降下剤、利尿剤を飲んでいた方（現在50代）の方がおられます。子供ですから親や病院の勧める薬を飲んでいたそうですが、それを飲むと、胃が胸やけになり、便秘になり、顔に吹き出物が出てきて飲みたくなかったみたいですが、我慢して飲んでいたそうです。

その薬の影響がいまだに出てきて、時々胸焼けにもなるし、いまだに便秘には苦労していると、薬の害を訴えています。

彼女も3600倍率の血液検査にお連れしたことがありますが、30年後の血液の中にその薬がいまだにいっぱい残っていました。そして、なぜネフローゼになったかの原因もわかりました。男女の腎臓の悪い宇宙霊が血液の中にいっぱい存在していました。最初は1

霊だったのかもしれませんが、何らかの事情で血液の中に入ってしまった霊魂は、毎日外へ出たくてそればっかり考え、どんどん膨れ上がってきて増殖し症状として出てきました。こうして大本の原因解明がされた今日ですが、腎臓病の宇宙霊に出てきてもらって対話し、その宇宙霊の腎臓も浄化してあげれば、お互いに長年の苦しみから抜け出せることになります。私たちは、現在神様のお力添えを頂けたおかげで、それらの結果を出すことが可能になりました。

薬は、石油から精製されるところから間違った方向に進んでしまったような気が致します。先の例の15年間も薬を飲み続けた彼女は、頭が重い時浄化すると石油の臭いがすると言います。外に出られなかった薬は頭にたまり、長年飲んでいくに従って機能を低下させていきます。今私たちの世代は、何らかのお薬を飲んでおられる方がほとんどです。その一方で痴呆やアルツハイマーの方が増加して、介護や施設の問題を抱えるような背景に突入しています。

これらを解決できる手段はいくらでもありますし、簡単ですが、今までのトラウマから脱却し、新しい空白の頭になることが一番大切です。

このようなことが理解できるような先生や病院、勇士の方がおられれば、お力にならせていただきます。日本の皆さんが１日も早く、これ以上の害がないような国になっていくのを、皆で力を合わせてやっていきたいと思います。皆様のお力添えをお願い申し上げます。

第2章　ろねらわゆわ（神様との対話）

瀬織津姫様

２０１３年8月28日は、私が月２回開いている波動教室の日でした。その日、誰かが「西の空に昇天らしき雲が上がっているよ」と言いました。

見ると、空に大きなお顔のようなものが浮かんでいます。その日いらした方々の浄化した霊でも入っているのかな？と思って写真を撮り、印刷してみると、浄化後の昇天は左と右端にあり、真ん中が大きく開いていてそこに大きなお顔が写っていました。

波動測定器の検知棒をお顔の額に載せてみると、男性と女性の高い波動が測定できました。さらに、その上にマイナス波動の写真を載せてみると、プラス波動に変わりました。

波動の高い男女の方といえば、観音様かもしれないと思いました。波動教室では皆さんが自分の中に憑いていたもろもろを浄化しているので、陰ながら見守り、その方たちのお導きをしてくださったのかもしれません。のちにこのお顔は、瀬織津姫《せおりつひめ》と、たはたらけてん神様だったことが確認できました。目に見える初めてのメッセージでした。

その後、2015年はじめに神様のお力をお借りして光カードを製作しました。それまでは当時30万円という高価な磁気ネックレスで浄化していましたが、より効果を上げるためには本数が多く必要だったため、ネックレスに代わる強いパワーのあるものを探していました。光カードは波動測定でマイナスと出たものすべてを、プラス波動に変えて根こそぎ浄化できるようになりました。実験では放射能まで浄化できるほどで、ありがたい夢のような話が実現したのでした。それもこれもすべて神様との出会いから始まっているのです。

当初、神様はおそばに来てくださっているものの、直接のお話ができませんでした。それが2015年末に亡くなった猫のムサシの魂との対話をきっかけに、ご先祖様との対話も成功（「第4章　死後の世界」で詳述）したので、神様との対話もできるのではないかと思いました。

考えた末、誰も浄化できない強烈に波動の悪い写真が2枚あったので、それを並べました。それから「こちらに波動の高い神様がおられますか？」の質問を紙に書き、さらにお答えの「はい」「いいえ」を書いてそこに来ていただくことにしました。こうすれば、「はい」とお答えになった写真のマイナス波動が浄化され、プラス波動に変わっているはずです。

試してから「はい」のお答えを書いた写真の波動を調べてみると、浄化されてプラスに変わっていました。こちらに間違いなく来てくださった！神様との通信ができた！と本当にうれしかったのを覚えています。1回できれば、あとは簡単です。その神様自身の波動を読み取れるので、違う方がお答えになっても今はこちらにおられる神様にお聞きしているので、とお願いできます。

最初の頃、1度だけこんなことがありました。神様にお聞きしているのに、ほかの悪霊たちがふざけて答えてきて、その後、供養のご飯を遠慮しないで食べていました。それがわかった私は怒り心頭に発して、その後、その霊たちに「神様にお聞きしているのに、あんたたちはええ加減なこと言って、あげくにご飯まで食べて！火あぶりの刑がよいか、水攻めの刑がよいか、塩漬けの刑がよいか、何がお好み⁉」と怒鳴りました。

当時、玄関を開けておいたことがあったので、行き場所がなくてさまよっている霊がたくさん入り込んできていたようです。その後、気をつけるようになりました。この悪霊たちは反省のために1週間塩漬けにして浄化。神様にお聞きしたら「それが適正です」と教えていただきました。

その後、神様にお聞きしたいことをどんどん聞いていきました。数多くの質問の中で、「はい、そうです」と答えてくださったお答えを抜粋します。

答「本の出版は大事。事実をお伝えすること」

「御光は無限で放射能も核兵器も光の量で浄化可能」

「地震の多くの原因は動物たちの怒りが多い」

「私の自宅に来られたのは私の自然、地球、動物への愛が観音様の気持ちと類似するところがあったから」

「生前の生き方で死後の幸福度が決まる」

「現世が幽界である」

「悪行をした人は、死後それなりの苦しみがある」

「仏教で言われている地獄はある」

「三途の川はある」

「生まれてくる前、どのような人生を送るか約束してくる」

「自分の使命を終えたとき死が待っていることが多い。私の長男は1歳1カ月だったが、その使命を持って生まれてきた」

「長男の死から42年後に孫として生まれたご縁（「第4章　死後の世界・42年後に生まれてきたわが子！」参照）は、未来波動を継承してくれる魂の持ち主だから」

「額に神様がつかれておられる方は、魂の再生度や前世の因縁に関係している。その方の考え方や性格が神様と似通ってくる」

「私がここまで歩んでこられたのは、神様方のおかげをいただきながら自分自身の追究心と努力で成し得たことである」

私はその当時、毎月1日、神様に1カ月間のお礼とお願いをさせていただいていました。

２０１６年6月1日もお参りしながら、なかなか神様のご意思に及ばないまま、時が過ぎいくのをお詫び申し上げると、私ではない誰かが私の心の中で感極まるのを感じました。そして、目から涙が流れ落ちてきたとき、誰かが涙してくださっている！もしかしたら観音様かもしれない！と思いました。

のちにお聞きしてみると、やはりそうでした。正式なお名前をお聞きすると、「観世音菩薩様」。正式名は長いので、ご了解をいただいてからは「観音様」と略式で呼ばせていただいています。当時、わが家に神棚はありましたが、観音様の居場所がなかったので、質問してみました。

質問…「観音様のお社があった方がよいですか？」

答「できればあった方がよい」

とはいいえ、神棚を置く部屋、場所くらいなら私にもわかりますが、形や棚はどのようなものがいいのかなど、さっぱり見当がつきません。そこで、神様にくわしい何人かの名前を書いてお聞きしてみると、お寺の住職を退職され、神様のルーツなどを勉強されておられる戸刈法観先生の名前の上に〇がきたのです。

私はその方のお姉さんと知り合いでした。観音様からは「彼女を通してお聞きするように」と言われたので、頼んでみると京都までいっしょに見に行ってくれることになりました。京都で神棚の写真を撮って帰り、観音様に決めていただきました。こうして、何もわからなくてもそれぞれの方が全部教えてくださるので、何の迷いもなく進められて助かっています。

戸刈法観先生はお父様のあとにお寺を継がれ、現在は息子さんが受け継いでおられます。お姉さんの家で打ち合わせをしたとき、法観先生の描いた観音様が壁に飾られていました。私には国宝級の観音像に思えて感動し、あとで私にも描いてもらうようにお願いしました。

それ以来、法観先生と親しくさせていただき、8月29日、わが家に来てくださったときに「観音様の名前をお聞きしてみよう」と言われて、対話してみました。観音様は男性と女性の神様お二人で、女性は「瀬織津姫様」とわかりましたが、どこから来られたのかなどをお聞きしてみたものの、的を射ない質問だったのか、うまくいかずに時間も遅くなったため、その日はそれで終わりとなりました。

当日、インターネットで瀬織津姫様について調べてみると、一説で天照大神様と結婚されたお方と書かれていました。お二人のりりしい姿が並んで画像になっているのを見て、こんなにすごい方がこちらにおられて、軽々しく会話させていただいていたのか……と申し訳ない気持ちでいっぱいになりました。

その後、男性の名前をあいうえおで1文字ずつお聞きしていきました。2時間かけてようやく「たはたらけてん」様というお名前だと判明。世間では知られていなかった、と教えていただきました。

観音様はお二人とも20回以上の生まれ変わりをされているそうです。第1章で紹介したように、お額に神様がついておられる方々の場合、観音様のお印である男性と女性の波動が確認できますが、それはお二人が同じ志を持たれた男女の神様だからのようです。

瀬織津姫様もたはたらけてん様も、日本初の国造りをしてくださった方々ですので、伝説の多くが事実だったかどうかをお聞きしてみました。質問には必ずお二人から同じ言葉が返ってきます。お考えは同じなのだなといつも感動します。

答「天照大神様は本当は男性です」

「アマテラスの真の姿→男神→アマテル→ニギハヤヒのことです」

「岩戸開きの話で中におられたのは、ほかの神様です」

「日本をひな型にして世界が出来た事実は、本当です」

「日本から16名の王子を世界に送り出して、国造りをした事実も本当です」

「現在各国で天皇家の象徴の菊のご紋の入った品々が発掘されている事実でも明らかです」

「宇宙人は土星、プレアデス星、北斗七星などから来ている」

２０１６年10月19日、もう70年近くも私についてくださっていた観音様にもお聞きしてみたいと思いました。まだ1度もお話をさせていただいていませんでした。混乱のないように書いておきますが、こちらは私をずっと見守り、ここまで導いてくださっている観音様です。先に述べた観音様（瀬織津姫様、たはたらけてん様）は後に、自宅に来てくださり、私の役割をサポートしてくださっています。

私個人の観音様は、いつも私の額についておられるのですが、お答えされるときは額から出られて「はい」「いいえ」などの答えの上に来てくださいます。

質問…「子供のときからついてくださっておられる観音様にお伺いします。今度生まれた孫は、前世も同じ観音様がついておられたことがわかりました。私についてくださっておられる観音様も、前世では同じについていてくださったのでしょうか？」

答「前世は違います」

「あなたの使命は生まれたときから決まっていた」

「あなたが歩んできた道は、この使命につながるためだった」

「生まれた日が33画の日に誕生したのも意味があった（happy 誕生日占い）」

「子供の死もこの使命に進むためだった」

質問…「私は追究心が人一倍あるものの、成果の伝達が不十分ではないかと思い、本の出版で成果を世に出していけたらと思っています」

答「それで良い結果が出る」

「まわりで力になってくださる人が現れる」

質問…「私は使命を持って生まれたとお聞きしましたが、波動がここまで進化していろんなことが解明できるとわかっていたのでしょうか？」

答「成り行きでどんどんできてきた」

「追究心が幸いして結果が出た」

質問…「私がこんなに大切な使命を担う自信はどこから来たのでしょうか？」

答「過去世で解明をこつこつやっていた」

「自然、地球、動物への愛が強いから」

「正義感が強いので、悪を退治したかった」

「世界が平和になるために常に思いを持っていた魂」

質問…「神様には未来がわかるのでしょうか？」

答「未来はもうすでに決まっている」

「しかし、それを修正することもできる」

「良い方に進んでいくのを応援するのが神の力、御心です」

核兵器のことも気になっていたので、いつもお話しさせていただいている観音様（瀬織津姫様、たはたらけ様）にも加わっていただき、お聞きしました。

質問…「現在、世界各国は自国の利益優先の主張をしたり、行動を起こしたりしていますが、そういったことから戦争が起こり、破壊が進むのですか？」

答「そうです」（4神）

「核兵器の使用もあれば、人類滅亡の危機もあります」（4神）

「全部とは言わないけれど、残った人は苦しみの世界です」（4神）
「このまま進むと危ないので、力を合わせて阻止しなくてはいけない」（4神）
２０１５年はじめに神様のお力をお借りして製作した光カードでしたが、やがて観音様より新しい光カードを作成するように言われました。忙しさに紛れてのびのびになっていた２０１６年11月3日、作成を決意。観音様にお力をお願いすると快く受けてくださり、とてつもない大きな光を入れてくださいました。
神様の光は人間、動物、植物、地球、宇宙すべてを癒やしてくださいます。「このカードは本当に信じてくださる方、感謝のできる方、人や動物、地球などに愛のある方に使っていただきたい」と観世音菩薩様もおっしゃっておられます。
こういうお話を信じられないという方が多いのが現代です。確かな証しがないと、言葉だけでは心の中にまで浸透していきません。以前は私もその中の一人でした。教養のあるお方からお伝えいただいても、素直に受け止められない性格でした。それが、長男が1歳1カ月で亡くなり、乳癌になり、次男が難病になり、幾多の危機を経験しながら波動に出合いました。その結果、病気、性格、地震、戦争などすべての現象に原因があることがつきとめられたのです。確かな証しもそろっています。この真実は神様のお力を得て、ますますゆるぎないものになりました。

生前の生き様が死後の世界に反映する

２０１６年５月神様と対話できるようになり、１年あまりの月日がたちました。

日々わからないことは神様にお聞きしてみれば、必ずお答えしてくださいます。

２０１７年２月からは家に来てくださっておられる神様がお二人増えて、４神になりました。

今度の神様は同じく男女で20回以上生まれ変わっていますが、ご夫婦ではなかったそうです。生まれるところは自分で決められず、使命でいろいろな国に生まれるのだとか。そこで、思いついた16カ国の名前を書いて、「この中に生まれた所がありますか？」と全員の神様に聞いてみました。

たはたらけてん神様はアメリカとサウジアラビア、瀬織津姫様はフランスとサウジアラビア、ほかのお二人は女性が中国とイラン、男性がカンボジアとイラン。最後の国が同じなので、そこで意気投合され、今世は日本で神として使命を果たされておられるようです。

私には先述したように、生まれたときからお二人の神様がついてくださっていましたが、最近、またお二人が来てくださって自分に４神となっていました。理由をお聞きすると、私がいつも魂を浄化しているのを見て賛同して、１日も早く神の光を世界に発散してもらうように応援のために来られたそうです。これで自分自身に４神、自宅に４神の計８神となりました。

私の波動教室の会員の方でも「岡崎に縁があってから神様がおつきになった」と言われる方が３人もおられます。神様がどんどん来てくださっておられるのはどんなことより力強いご支援であり、感謝あるのみです。また、あるとき会員の方からＹＯＵ　ＴＵＢＥ（ユーチューブ）に投稿している、宇宙人・ＵＦＯの研究者の情報をいただいたので、博士や教授、著名人など35人の写真で測定してみると、全員神様がついてくださっている方々です。神様がついてくださっておられる方に虚偽はないと思います。私たちと同じように「宇宙は皆のものだから、守っていかなくてはいけない」と言っておられる方々です。

ここで、私の心の中で気になっていたことも、神様にお聞きしてみました。

質問…「今まで縁があった方々で10名ほどの方がお金やネックレスの代金の返済をしてくださらないのですが、そのような方の行く末はどうなるのですか？」

答「その何百倍もの苦しみを与えられる」

「真っ暗闇の世界に落とされる」

「畜生に格下げされる」

現界で得したつもりでいても、現界はせいぜい80年。死後の世界は５００～１０００

年以上とお聞きしています。私は結婚して愛知に住み、最初は１週間で５００円しかなかった時期もありました。夫がサラリーマンを辞めて独立した仕事も赤字経営でした。そんなとき、友達が「返してくれなくてもよいから使って」と50万円送ってくださったことがありました。お金が返せるようになって、倍近くのお金をお返しさせていただきました。感謝の気持ちがあれば、困っているとき助けていただいたご恩返しをしたくなるのが人の心です。

私の人生の転機は27年前でした。私は会社にお弁当を持参するのに、いつも銀紙でおかずを区切っていました。当時、おかず入れがなかったのです。お店に行っても売っていなくて、アポロが月に行ったという時代なのに、どうしておかず入れ一つないの？皆、困っているはずでは？と思いました。そこで商品化を計画。製造、販売に関わったことのない主婦が、最も難しいお弁当箱（汁が漏れない密封型）の製造に着手したわけですが、本当に無謀な挑戦でした。

最初は全然売れず、日々難問が押し寄せてきましたが、アイデア商品としての道が開けるといきなり大ヒット商品になり、次に出すものもすべて大ヒットとなりました。テレビにもアイデア主婦として３回出演しています。

しかし、ヒットすれば偽物が出てきて売れなくなります。不良品を作る悪質業者もいます。不良品が出れば売れなくなり、また売れる新商品を考えなくてはなりません。ですから、いつも心配の種が尽きませんでした。しかし、頼りになる夫と一緒だったので、困難な道も乗り切ることができました。

始めたころ、いつも神様に「生活にゆとりが出来たら、世の中のためになることに力を注ぎますので、商品がヒットしますように！」とお祈りしていました。お弁当箱の最初の発想も、これなら絶対完璧というおかず入れの型を、朝目覚めたとき見せていただきました。今思えば、神様が伝えてくださったような気がします。

集団霊の浄化

神様との対話はいつも私からの質問ばかりでした。でも、もしかしたら神様も伝えたいことがあるかもしれないと考えるようになり、２０１７年４月４日、49神の神様にお聞きしました。

質問…「神様方にお伺い致します。これから毎朝、神様から私に伝えたいことがあるかどうか、お伺いさせていただきますが、よろしいでしょうか？」

答「それは良い案だと思います」

質問…「今日、私に伝えたいことはありますか？」

答「はい、あります」

いろんな項目を書いた用紙を見ていただき、選ばれたのが「霊魂」と「良い」という言葉でした。お答えを並べてみます。

答「もともとの霊魂は良心があって悪くないが、そそのかしている集団霊がいる」

「難題は集団霊で誰も退治できない。ここで考えるしかない」

「もし実行するとしたら、早い方がよい」

「集団霊に感化されている国は、何カ国かある。北朝鮮、中国、アメリカ、ロシア、韓国など」

質問…「集団霊を見つけたら、浄化するという方法でよろしいでしょうか？」

答「はい」

早速、2日後にその機会がやってきました。

4月6日はアメリカがシリアにミサイルを59発空爆して、不穏な空気が流れました。さらに、北朝鮮のミサイル発射に関係した船舶の近くに33のサタン霊、トップの方の顔のまわりにも3霊、建物に1霊、米大統領の額に1霊、全部で38霊でした。

私は身体の中からいつも霊を取り出していますが、このときは外にたむろしているサタン霊で数も多かったので、不安がありました。そこで、「少しずつ浄化した方がよいか？」

「屋外でやった方がよいか？」などと、恐れからくる質問ばかりしていたのですが、55神のお言葉は一貫して「対話しなさい」でした。

私は度胸を決めて、38霊全員を居間に呼びました。霊は呼べば1分もかからず、どんな遠くからでも瞬間移動でやって来ます。このときもいつものように、遠くから来ていただきました。浄化後、対話開始です。

質問…「身体も精神も含めて、ご気分はいかがでしょうか？」

答「地獄から天国に来たくらい良い気分です」（38霊全員）

質問…「皆さん同じ気持ち、心を持っていたようですが？」

答「誰かに洗脳されていた」（38霊全員）

霊は35霊が北朝鮮、３霊が韓国の方でした。皆さんは外国へ行ったことがなく、世界情勢も知らされず、上からの情報を忠実に聞いていただけでした。本書では控えますが、キム・ジョンウン（金正恩）のお兄さんの殺害事件も、誰の差し金かを知っていました。35霊には一晩泊まっていただいて、翌朝の北朝鮮に関するニュースを聞いてもらいました。北朝鮮がなぜ各国から圧力をかけられているのか、知らなかったようです。最後にお聞きしました。

質問…「皆さんは、お帰りになってキム・ジョンウンの挑発を止められますか？」

答「できるように努力する」（38霊全員）

こうして、4月7日ＰＭ13：39、38霊は祖国に帰っていきました。それから、80神にご報告させていただきました。

「測定ではサタンと出ましたが、洗脳されていただけでした。本当はとても純粋な方たちで利用されていただけでした。神様のお言葉で集団霊や北朝鮮を少しでも救うことができて本当に良かったです。ありがたく、うれしくて涙が出てきました。本当にありがとうございました」

そのあと、4月5日にニューヨークで開かれた国連安全保障理事会のニュース映像を調べると、会議場右後ろに４０２霊のサタン宇宙霊を確認しました。そのあと、左の後ろには神様が20人くらいおられたことも判明しています。

翌日の4月8日、世界を股にかけているような霊団に恐怖心を抱いた私は、再び神様にどのようにしたらよろしいでしょうか？とお聞きすると、「心配することはありません。もとは皆、素直な魂」とのお答えに勇気づけられました。

前日の波動教室でそのことを話すと、「その対話に参加させてください」という希望者がいました。このような二度とない場面にどうしても参加したかったそうです。その晩、参加希望者が出たことの承諾を神様にいただき、対話は予定通り月曜日の午後からと決まりました。
月曜日の朝。いつの間にか神様は５００神となっていました。４０２霊に対して神様の人数の方が多くなっていて、こちらの方が圧倒されてしまいそうな雰囲気です。
質問…「神様も大勢来てくださっておられますが、応援ですか？」
答「喜ばしいことだから」（５００神）
質問…「今から始めたいと思います。国連安全保障理事会の集団霊は全員女性と出ましたが、大丈夫でしょうか？」
答「心配ないので、いつものとおりにやること」
そのとき神様の数を数えてみると、さらに増えて千人近くに増加していました。どうなってしまったの？と、来てくださった方と顔を見合わせるばかりです。神様同士もびっくりするほどたくさん来てくださったので、安心して４０２霊をお呼びしました。30分ほど浄化してから対話開始。長いので細かなやりとりは省略して、まとめました。
質問…「皆さんの身体の状態をお伺いしたく思います」
答「地獄から天国に来たくらいに気分が良いです。生きていたとき、つらい思いや悔しい思いをしてきました。あなたの話を聞いて、今までと違って希望が持てました」
答「（自分たちは）10年前にアメリカより攻撃されて亡くなったイラク３６８霊、トルコ34霊。アメリカに怒りがあり、仕返しがしたかった」

皆さんはお泊りになったので、その晩、本書の原稿から何点かを抜粋して伝えてみると、次のお答えがありました。

答「すごく感動しました。とても不思議ですが、魂になった自分たちにはよくわかります。生きているときに出合いたかった内容でした。現在の世界の人に読んでもらいたい」

答「この場所に来られて良かった。神様に出会えて良かった。感動しました。ほんとうにありがとうございました。自分たちのやらなくてはいけないことを進めていきます」

こうしてお別れをしてから、神様にご報告させていただきました。

「たくさんの神様のお越しには本当にびっくりで、身の引き締まる気持ちでした。成せば成るの気持ちで始めましたが、自分が思っていたような方々でなく、神様がいつも彼らと対話をお勧めになる意味がよくわかりました。これまでは波動で『サタン』が出ると悪のイメージでとらえていましたが、今はそんな心になってしまうほど苦しい目に遭った方なのだから、早く助けてあげなくてはという気持ちになりました。そして、今後は新たにそういう犠牲者が出ないような世界を願っています。それには、やはり見えない世界があることを皆さんにお伝えしていくことが一番の方法だと確信しました。これも神様との対話のおかげです。本当にありがとうございました」

このお伝えをさせていただきましたところ、２４１１神のお答えが出たので、また千人増加していたことになります。そこで早速質問です。

質問…「どちらから来てくださっておられるのですか？」

答「外国からです」

かつて神様が50人に満たないときは、愛知県から来られていました。宇宙霊がたくさん来たときは、宇宙神が来てくださいました。今の私が世界の問題に取り組んでいるために、外国から参加されたのだと考えられました。

その後、４月に入って内戦が続くシリアで、アサド政権が化学兵器である猛毒のサリンを使用したという報道がありました。４月12日にシリアで化学兵器が使われた場所の写真を調べてみると、ストレスで神経異常の46霊を発見。お呼びして会話してみると、戦争で亡くなった方々でした。爆撃の恐怖を感じながら、仕方なくそこで暮らしていました。霊魂になっても爆撃の恐怖は変わらないようです。ストレス、神経異常になるのは無理もないですね。この方たちも戦争の被害者でした。

プルトニウム浄化

現在の世界情勢を見ていると、いつ戦争が起こっても仕方がないような緊迫感をはらんでいます。

しかし、２０１７年4月12日、神様にお聞きしたお言葉は厳しいものでした。少し期待していた私は悲しくて涙が出てきました。

答「戦争は起こる」

「それを止めさせることもできる」

「神様は自ら手を下すことはできない」

「人間の世界は自分たちでやらなければいけない」

「それらの方法、手段は本人や霊団の浄化しかない」

この対話から私は、核ミサイルが発射されたら取り返しがつかなくなると思いました。

先日、北朝鮮の放射線を取り除いた経験がありましたから、今回も見つけられるのではと思い、大好きなバレーボールも休み、光のカードも強固にして、万全の体制で衛星写真を調べました。

簡単に見つけられましたが、そこにあったのは今まで見たこともない、膨大な数量の放射線、プルトニウムでした。今までは多くても10個くらいだったのに、その100倍が出ました。夜中でしたので、翌朝、神様にお伺いしました。

質問…「北朝鮮で放射能、プルトニウムがたくさん見つかりました。これを浄化してしまえばよいですか？」

答「放射能、プルトニウムが駄目になるのがよい」

「ミサイルに放射能が入っていても無害になります」

「浄化してしまえば、害がなくなります」

「いつものとおりやればよい」

放射能、プルトニウムは魂ではないので、屋外で浄化しました。

……「神様ありがとうございました。ただ今浄化させていただき、大空に消えていきました」

答「これで北朝鮮の放射能の危険は免れた」

「放射能を使う電力は将来、止めた方がよい」

「私たちが参加している発電技術が一番よいと思う」

質問…「あとは世界各国にいる霊団が見つかったときに対処すればよいですか？」

答「米大統領のまわりでけしかけているのがいる」

「会話すればわかってくれる」

３５００神のお答えでした。再びインターネットの写真からサタン、自己中心、ストレスを持っている霊、菌、ウイルスを見つけてすべて浄化。また、北朝鮮のキム・ジョンウンほか、部下たちに憑いている霊も見つけ次第、来てもらって浄化。会話後に帰ってもらいました。どこも宇宙霊が多く出てきました。

４月15日のキム・イルソン（金日成）の生誕祭にミサイル発射が心配されていましたが、それもなくてほっとしました。この頃、わが家の神様の数は日に日に増加して、４月16日には１万人を超していました。全員居間にいてくださっているのですが、手狭になっておられ、ご不便をおかけしているのではないか、こんなに来ていただいて、ほかがお留守になってしまわれないだろうか、と心配したものです。

３万７千人以上の世界の神様が！

４月16日、本書の「第２章　ろねらわゆわ（神様との対話）・集団霊の浄化」を書き終えたので、原稿の感想や、今後の私の行動の指針について、神様にお伺いしてみました。

答「たいへん上手にまとめてある」（２万４８８人の神様）

質問…「大丈夫かどうか心配でした。ありがとうございます。神様の世界ではまだ心配の種がありますか？」

答「戦争、公害、薬漬けのない世界になってほしい」

質問…「日々、たくさんの神様がいらしてくださるのですが、これだけたくさんの神様がお集まりになられることはあるのでしょうか？」

答「たまにあります。神の世界には伝達網があります。ここに集ったのは喜ばしいための参加です」

さらに翌日、4月17日の対話です。

質問…「北朝鮮がミサイル打ち上げに失敗したようです。以前は浄化したあと3回続けて失敗したことがありましたが、今回も放射線、プルトニウムの浄化をしたからでしょうか？」

答「浄化したから失敗があったと思う」（2万8千510人の神様）

質問…「神様が大勢来てくださっておられるのは、北朝鮮の放射線などの浄化ができたことと関係ありますか？」

答「そうです。今後の集団霊などの浄化や本の出版の様子、内容にも関係があります」

質問…「神様の人数も2万8千人以上になります。この人数だと狭いので、座敷も応接間も2階も空いていますから、そちらを利用されてはいかがでしょうか？」

答「座敷がよいです」

質問…「お布団でよろしいですか？」

答「それでよいです」

2枚半用意しましたが、翌朝、5千人近く増えましたのでもう1枚追加しました。

4月19日になり、波動教室の会員1人に40度近い熱が出ました。「熱は浄化したら5分で下がったものの、咳がひどいので見ていただけないか？」との連絡がありました。こちらに来てもらって測定すると、出てくるのはすべて宇宙霊ばかり。最近は私も含めてまわりの方全員、またニュースに登場する犯罪者も宇宙霊ばかりが出てきます。理由や背景を神様にお聞きしてみました。

答「宇宙霊はいくつかの星から、霊魂のみで来ている」

「友好や病気を治したいという想いで来ている」

「宇宙霊が地球に来て人や動物が食べているものを食べると、宇宙霊も一緒に人や動物の身体の中に入ることになる」

「現在、膨大な数の宇宙霊が、人間や動物たちの身体の中に入っている」

「一般の人たちも気づかないだけで、たくさん入っている」

「光カードを使った浄化の方法でやっていけばよい」

このときお答えくださった神様が3万7千人以上なので、また布団を追加しました。
質問…「現在、世界情勢は不穏な空気が漂っていますが、大丈夫でしょうか？」
答「ロシアに集団霊がいて働きかけている」
インターネットの画像を調べると、イギリスの東でサタン怒りマイナスの男性9霊、ロシアの水面の上に7霊の悲しみの集団霊が見つかりました。いずれも宇宙霊でした
答「見つかったものはすべて浄化・対話するとよい。9霊のサタンの方は、私たちも気がかりです」（3万2千240人の神様）
4月24日（月）、イギリスのサタン怒り9霊とロシアの悲しみ7霊をこちらにお呼びしました。30分以上浄化させていただいてから、対話を始めました。
質問…「はるばる日本に来ていただきましたが、お身体の具合はいかがですか？」
答「地獄から天国に来たくらいの気分です」（16霊全員）
怒り9霊はもともと銀河系から地球のベトナムに来ていました。ところが、ベトナム戦争で住み家を追われ、イギリスで怒っていました。彼らの星は水、草木、空気はあるものの、地球より文明が遅れていて、車、飛行機などの乗り物や病院はないそうです。
悲しみの7霊はイラクの湾岸戦争で被害に遭った宇宙霊たちで、3霊はイラク、4霊は中東で生まれていました。宇宙人の子孫が中東に生まれるのは不思議ですが、かつて水星

から来た宇宙船が中東に墜落、生き残った水星人が現地の方と結婚したという話を神様よりお聞きしていたので納得できます（「第2章　ろねらわゆわ（神様との対話）」参照）。

今回も16霊全員が戦争の被害者でした。イギリスの9霊は霊になっても住み家を追われて、怒っていました。シリアで化学兵器を使用された場所にいた46霊も神経異常でストレスになっていたのを思い出します。田畑や建物を破壊して、生きている人や動植物、あの世の魂まで怒らせてしまうのが戦争です。その悲しみと怒りから起きる連鎖反応による悲劇。もう終止符を打たなければいけません。

光は東方よりは、この神の光のこと

4月27日の晩、猫のムサシ（魂）を家の中に入れるために、カメラを持って外に出たときでした。ふと、家の外からでも神様の存在がわかるのでは?と思い、家全体の写真を撮ってみました。

調べてみると、外からの写真では2万1千880人。翌朝、家の中で測定してみても同じ数だったので、外からの測定も可能とわかりました。ピーク時には3万7千人の神様も少しずつ御自分のエリアにお帰りになられている様子。大勢おられるうちに魂についてや熱心な会員から届いた質問もまじえてお聞きしました。

質問…「現在、神様の御光にて霊・菌・ウイルス・宇宙霊などを人、動物の身体から出させていただいていますが、それらが遺体に残ったらどうなるのでしょうか？」

答「たまに抜け出すこともあるが、ほとんどは抜け出せない」

「出られなかった魂は消滅の運命をたどる」

「遺体本霊は死後1～2時間で外に出る」

「魂は霊界より神の光、御心で日々生まれてくる」

「万物の創造や宇宙の誕生の大本に神が関わっていた」

「神は今日まで多くの方々にこのメッセージを伝えてきたものの、正確さや確かな証しがなかった」

「ここで現代機器を使い、世界で初めて対話ができるので期待されている。機器を使用しているので、聞き違いや思い込みのないのがよい」

「どこにいても写真1枚で浄化できる技に期待している」

質問…「世界中の神様がおられるのでお伺いします。いろいろの宗派で宗教戦争をやっていますが、それは間違っていますね？」

答「そうです。神は全世界共通、思いは同じ、宗門宗派などない。世界の宗教は人間が自分の都合で利用している」

答「現在の戦争は人間が利用している」

答「聖戦だと言っている過激派には洗脳されている若者が多い」

答「神は全世界が心を一つにして、戦争、公害、破壊のない愛のある世界になることを望んでいる」

質問…「昔より【光は東方より】の言い伝えがありますが、現代機器と神の御光が合体して東方（日本）より届くという意味だったのでしょうか？」

答「そうです。未来がわかっていました」

質問…「神様との対話で16人の王子を世界に送り出して国造りをした話（本章で後述）が書かれています。民族の先祖は一つという確認が再度できるとうれしいです」

答「その話は事実です」

4時間近くの長時間の対話に1万9千992神の神様がお答えくださいました。

4月30日、神様がさらにお国にお帰りになっていました。翌日は5月1日なのでたくさんの神様がお帰りになるかもしれません。この日のうちにと質問を急ぎました。

質問…「光カードを1年近く検証してきました。まぎれもなく放射線も浄化できる最高のカードだとわかりました。波動教室の会員も手放せないものになっています。

ただ、光カードのありがたさがわからない、感謝がない、自分の業の深さがわからず途中で諦めるといった方などもおられました。今後、多くの皆さんに使っていただくには、どのようにしたらよろしいですか？」

答「光カード1枚の値段を決める。金額は10万円。価格は世界一律で決める。サイズもL判だけでなく名刺サイズもあった方がよい」

なるほど、無料だったり、金額が低かったりすれば、使わずにそのへんに捨て置かれるでしょう。こちらとしても価値あるものをそんなふうに使ってほしくありません。それくらい出しても使いたいと思われる方なら、しっかり使ってくださる妥当な値段です。活動資金にもなるし、一石二鳥の案に感動しました。私にできるご恩返しは、神様より教えていただいた事実を多くの方にわかっていただくことに尽きます。この日は8千45神の神様でした。

5月1日の夜、ほとんどの神様がお帰りになられ、746神のみ残ってくださっていました。4月は3万7千人以上の神様が狭苦しい家に来てくださり、13日に北朝鮮の放射線、プルトニウム浄化後より人数が増加して15日夜には一気に2万人。17日には3万人の神様が居間の神棚と冷蔵庫の上におられたのです。ぎゅうぎゅう詰めでさぞかし苦しかったことと思います。17日の夜、遅ればせながらほかの部屋を勧めましたが、もっと早く気づいてあげられなかったのか?と後悔しきりでした。

もう一つの後悔は神様のお食事です。肉、魚は禁物ですが、卵は召し上がるので玉子丼を作ったら一人も食べてくださらなかったことがわかりました。次の日、肉を入れないカレーを作りましたが、やはり同じ。遠いところから来てくださったのに、申し訳なくて仕方ありませんでした。

毎日、何を召し上がったかを調べて次の情報を得ました。2週間もする頃にはわかってきましたが、どんどんお国に帰られてしまいました。いつまでも後悔の念が脳裏をよぎったものです。

キリスト様、マホメット様、お釈迦様

2017年5月3日、先日に引き続いて宗教についてお聞きしました。

質問…「神様の中心的教えを世界に広めた聖者、キリスト、マホメット(ムハンマド)、釈迦、ヨハネは、現在どのように過ごされておられますか?」

答「先日、世界の神々がここへ来られたとき一緒に来られ、現在もまだキリスト様、マホメット様、御釈迦様が残っておられる」

世界中の誰もがご存知の偉大な方々がここにおられる!?開いた口がふさがらないほどの感動を覚えました。

質問…「お三方は御逝去された後生まれ変わりはありましたか？」
答「それ以後はない。聖者になる前は何十回も生まれ変わった。それから何千年かたっているが、その間天上界から人間のやることを見ていた」
質問…「聖書を勉強された方が、旧約聖書や新約聖書についてお聞きしたいそうです」
答「旧約聖書は人間が作った話。新約聖書は一部真実だが、虚偽の部分もある」
「神の名前エホバは真実」
「サタンの世界をイエスが倒して神の世界を造るという話があるが、人間が努力すべきで神に頼ってはいけない」
これらのお答えは、イエス様お一人でお答えしてくださいました。

鉄の玉が落ちてくる

２０１７年5月14日は、私が毎月2回主催している波動教室の日でした。朝、掃除機をかけながら廊下を通ったときです。上の方から茶色のパチンコ玉の大きさの鉄の玉が、カンカン……という音とともに転がってきました。どこかの部品が外れたの？と見回してもそれらしきものはありません。もしかしたら神様？と思ってお聞きしてみました。

すると、「掃除中に鉄の玉を落としたのは意味があった」とのこと。鉄の玉に関連して、どこかの国の戦争かと考えてお聞きすると、当たっていました。アメリカ、北朝鮮、ロシア、中国ではなく、その他の国でした。

私はその国の大統領の浄化をすることになりました。国の名前をあいうえおで選んでいただいて突き止め、大統領をインターネットで探していると、そこに波動教室の皆さんが集まってきました。

そのうちの一人の女性が「突然、鉄の玉が落ちてきたけど、これはどこから来たの？」と鉄の玉を持ちながら、まわりをキョロキョロしています。いつの間にか、私が机の上に置いたさっきの鉄の玉がなくなっていたので、事情を説明しました。彼女は神様について一番理解している方ですから、彼女にもお知らせしたかったようです。

先ほどの国の大統領には、やはり神経異常や自己中心の霊が憑いていたので浄化しました。ところが、「これで大丈夫ですか？」とお聞きしましたら、「まだほかにもいる」とのこと。波動教室を終えて皆さんが帰られてから、大統領をくわしく調べていくと、虚偽、怒り、協調性、感謝などがマイナスの宇宙霊が3霊見つかり、浄化させていただきました。

そのあとで、宗教に関してもっと質問してみました。

質問…「キリスト様、お釈迦様、マホメット様以外にもここにいらっしゃいますか？

くわしくお聞きしてお名前を書かせていただいた方が、宗教は一つという意味で世界の皆さんにわかっていただけるのではと思いますが、いかがでしょうか？」

答「それは良い案だと思います」

「真光から岡田光玉様、創価学会は池田大作様が来られている」との答えがありました。真光は私もかつてたくさんのことを教えていただいたところです。ここまで来られたのもこの教えの賜物だと思っています。このとき、池田大作様の魂については疑問を感じましたので、翌日、もう1度お聞きしてみると、神ではなく一般の魂でした。神経疾患で薬からくる妄想疾患の霊とわかりました。

神様はあとから「嘘はいつか暴露すると思っていました」と情のあるお答えが返ってきました。丸1日かけて、妄想疾患の霊を浄化しました。そのうえで神経が正常になったところで、再度対話しました。

質問…「神の御光で浄化させていただきました。昨日は池田大作様と名乗っていましたが、今日は自分が池田大作様ではないと理解できますか？」

答「頭がすっきりしてきた。今まで自分は自分でなかったような気がしています」

「私は池田大作様をとても尊敬していました。神経の病気で病院にかかって薬を飲んでいました。ここにはある人についてきました」

生前の症状が死後の世界でも続くことがよくわかりました。今回は防げましたが、この霊魂が誰かに憑いたらその人が同じ症状になってしまい、また病院の門をくぐることになります。テレビでも通り魔、暴力犯罪が報道されますが、測定するとその方たちにすべてといってよいほど、神経疾患の霊などが憑いています。ニュースにならなくても、霊の影響でいろんな症状に苦しむ方は無数におられます。1日も早くこの事実を知り、対処してほしいとつくづく思います。

16人の皇子の話

2017年5月18日。前日、真光の岡田光玉様にお聞きしたとき、真光の教示は合っていることが多いと申されたので、昔の教本を取り出してきて読み上げ、◎ ○ △ ×でお聞きしてみました。すると、◎以外のお答えがたくさん返ってきました。

自分ではなかなか答えが見い出せないところも、神様のお答えはズバリ全員一致で瞬間に返ってきます。なるほどと納得のいくお答えばかりでした。真光の教本の1カ所に16人の皇子の話がくわしく書いてありましたので、以下の文をお読みしてからお聞きしてみました。

※

「神武天皇以前に、天神七世、皇統二十五代、葺不合七十三代という膨大な歴史が秘められており、人類そのものの発祥は、皇統第二代の御代に人類の祖先である五色人が出現したとあります。ところが、転変地変によって各国に分散した五色人の統一的教化を進めるため、五色人の祖である皇統第二代の十六人の皇子を、霊（日）の本つ国から十六カ国の教化の王として、世界各地に初めておつかわしになり、万国の人たちに教法を伝え、その教化に絶大な労苦を積みはじめられています。

そのときの十六カ国を十六方位とし、それと十六人の皇子を象徴して、真中の丸（天地人類創造の神）を中心に、十六方位に斜線のあるきりっぱなしの菊形を御神紋として制定されたのです。これがのちの御紋章のもとになり、ピラミッドに埋葬されていたツタンカーメンの靴や剣に記してある十六菊形の御紋章であり、またエルサレムにある『開かずの扉』に刻んであった十六菊形の御紋章などで、現在各国で盛んに発見されているのはその証左です。ですからその当時は、全世界がみな一つの家であり、全人類はみな親戚で、そこにはなんの闘争も病もない秩序だった愛和な世界がありました。それを、バイブルでも天国とかエデンの園に住んでいた…と表現したのです」（真光教本より抜粋）

質問…「今、読ませていただきましたことは、正しいことですか？」

答「間違いないです」

「宇宙創造の絶対神の御名は次のとおり。キリスト教→エホバ、ヤハウェ、ヤハエ。仏教→聖観音（釈迦）。神道→天照主日大神。ユダヤ教→ヤハウェ（モーゼ）。イスラム教→アッラー神。アラー神（マホメット）。ヒンドゥー教→神様は同じ」

「すべて同じ神、絶対神で呼び名が違うだけ。主の神ともお呼びします」

58神の神様のお答えでした。58神の中にはイエス様、お釈迦様、マホメット様、ジョセフ・スミス様（モルモン教会創始者）、岡田光玉様もおられます。同じ神様なのに人間が都合の良いように利用しているという現実を非常に嘆き悲しんで、全世界にこの事実を伝えてほしいと結集されておられるのです。

5月19日には神様との対話から、神様の世界は頂点に宇宙絶対神（全宗教の神の御名）がおられ、そこからピラミッド組織になっているのがわかりました。国政に例えれば総理大臣、大臣、議員……という仕組みです。

この日、新たにこちらに残っておられる世界の神様のお名前をお聞きしました。神の一覧として記録に残されているお名前のみです。外国からの神様では、ピグミー族（アフリカの赤道付近の熱帯雨林に住む狩猟採集民）の神様、グアラニー族（アメリカ州の先住民族の一つ）の神様、ルーマニアの神様が申し出てくださいました。日本からもそうそうたる神様ばかり。あまりにもすご過ぎる御方ばかりなので、間違っていないの？と疑心暗鬼になってしまうほどでした。

・葦那陀加神（あしなだか）　大国主の妹
・阿弥陀山みのり教団
・天活玉命（あめのいくたま）
・所造天下大神（あめのしたつくらしし）　大国主
・天日照命（あめのひでり）　建比良鳥命
・天穂日命（あめのほひのみこと）
・天之みぬか主神（あめのみぬかぬし）
・神皇産霊神（かみむすび）　創造神
・木祖神（きのおや）　杉原大神
・金鵄（きんとび・きんし）
・大黒天（だいこく）
・瀬織津姫（せおりつひめ）
・高皇産霊神（たかみむすび）　創造神
・建御名方富命彦別神（たけみなかたのみことひこがみわけ）
・爾爾芸命の命（ににぎ）　稲穂の神、農業神、天照大神の孫

・早池峰大神（はやちね）

・和加布都努志能命（わかふつぬし）

数日後の5月23日にはこんなこともありました。朝7時頃、目覚める少し前に夢を見ました。自宅玄関のそとに、左肩に袋を担ぎ、もう片方の手に袋を持った大黒様のような方が「戸を開けてほしい」と立っておられるのです。すぐに目覚めた私は下に降りて行き、玄関に向けて写真を撮ってから戸を開けました。写真を測定すると3人の神様です。お聞きしたら、こんな答えが返ってきました。

答「来られたのは大黒様」

「三人の神のうち二人は前にも来ていて、一人は宇宙神で初めて。二人の神様が案内した」

神様の人数も日によって違うので、皆さん行事のあるときはお帰りになったり、反対に出迎えをされたりする様子が理解できました。

八岐大蛇の伝説　素佐鳴尊様

5月26日、神様方のお名前をほかにもインターネットで調べながらお聞きしていくなかで、新たなお名前がわかってきました。

・素佐嗚尊（すさのおの尊）天照大神の弟
・櫛名田比売（くしなだ姫）素佐嗚尊の妻
・八島野尊（やしまぬの尊）素佐嗚尊の第一子
・五十猛尊（いたけるの尊）素佐嗚尊の兄
・大屋津姫命（おおやつ姫）素佐嗚尊の子
・饒速日命（にぎはやひの尊）素佐嗚尊の五子
・みかしぎ姫（にぎはやひ尊の妻）
・くらいみたまの尊
・大国主尊（おおくにぬし尊）素佐嗚尊の子孫
・あまのかやまの尊
・神武天皇（第11代天皇）

日本の神々でも由緒ある方々でした。また、皆さんがよくご存知の宗教の創設者も来てくださっておられるとのことでした。

・親鸞聖人
・蓮如上人
・空海

・最澄
・一遍上人
・恵比寿天（2神）
金剛界曼荼羅より
・大日如来（中央）
・金剛波羅密菩薩
・宝波羅密菩薩
・法波羅密菩薩
・羯魔波羅密菩薩（かつまはらみつ菩薩）
・阿閦如来（あしゅく如来）
・金剛薩埵（こんごうさった）
・金剛王菩薩
・金剛愛菩薩
・金剛喜菩薩
・宝生如来
・金剛宝菩薩

・金剛光菩薩
・金剛幢菩薩
・金剛笑菩薩

次に法華経曼荼羅より
・聖観世音菩薩
・文殊菩薩
・地蔵菩薩
・不動明王
・金剛夜叉明王
・愛染明王
・梵天
・羅生門天（2神）
・金剛力士
・大黒天

金剛界15名および法華界11名の方々は、男性でも女性でもなく、人間として生まれてこられていない如来様、菩薩様、明王様、天様の方々でした。そして、現代の礎を築いてくださった現人神の17代履中天皇、18代反正天皇、19代允恭天皇、允恭天皇の長男キナシ様、三男安康天皇、五男ハッセ様、金波鎮漢紀武《こむはちむかむきむ》様の7神様でした。

長い年月を費やして宇宙最高の国造りをされたり、人の精神育成に尽力されたりした神々です。大切な地球と人間のために天国でのんびりもできず、はらはらしながら世界情勢を見ておられるのでしょう。国連安全保障理事会やG7サミットなど世界の大きな会合には、神様が参加されておられるようです。

「地球は宇宙のどの星よりも水、空気、海、山、木、動物などがすべてにおいて最高に出来ている！」と強く言っておられます。神様がどうしても守りたい思いが伝わってきます。宇宙、地球創造に尽力された神様方は、すべての流れをご存知です。

アトランティス文明やムー大陸についても質問してみました。かつて実在していたそうですが、沈んだ理由はまだ解明できていません。質問の試行錯誤を続ければ、いずれそのほかの歴史とともに解明できそうです。

5月31日、素佐嗚尊様がいらしているので、伝説のお話についてお聞きしました。お答えの事実は〇、事実と違う項目を×としました。

答×「天の石屋戸の事件を起こした」

×「根の国に追放された」

○「出雲国で八岐大蛇を退治して櫛灘姫を救った」
×「八岐大蛇の尾から剣を得て天照大神に献じた」
○「金、銀、木材を新羅に持ち帰り、植林を伝えた温和な農耕神である」

伝説の不良少年のようなイメージとはまったく違う方でした。生前もお国のために尽力され、時を経た今でも地球の未来のためにご家族総出でお働きくださっておられます。

天照大神様

６月６日、それまで２００神ほどの神様が常時おいでくださっていたわが家の状況が、一変する事態になりました。

わが家では以前から備わっていた神棚、観音様の厨子が二つ並んで設置してあります。神様の人数を知るには、そのふたつの神棚を調べたり、会話で伺ったり、家の外からの映像で把握したりと、いろいろな方法があります。この頃は忙しくて個々に神様の人数を調べていませんでしたが、この日たまたま調べたとき、神棚にはお一人しかおられないことに気づいたのです。

神棚は５月末に涼しいものに変えたとき、中のお札を天照大神様のお札だけにしていました。以前にはたくさんの神様がおられたのに不思議に思い、まさかとは思いつつもお聞きしてみました。

質問…「もしかしたら天照大神様なのでしょうか？」

答「はい、そうです」

あまりの出来事に言葉もなく、どうしたらよいのか途方にくれてしまいました。その後、ぼうぜんとした頭で「私ごときでお役に立てるかどうか、自信もなくなってきそうですが、今までの計画通りに進めます。あとは、神様方のお名前を確認し、書き上げていきたいと思います。そのような具合でよろしいでしょうか？」とお聞きしましたら「はい、それでよいです」とのお答えをいただきました。

その後、最高の神様がいつから来てくださったのかどうしても知りたくなり、日々写真撮りしてあるファイルの中から調べてみました。

2月末には100神近くの神様が神棚、観音様厨子に入っておられたのに、4月20日には神棚24神、厨子9神。5月1日には神棚0神、厨子6神（あとの神様はソファの上）。5月18日から神棚1神（天照大神様のみ）、厨子6神（瀬織津姫、素佐鳴尊、神皇産霊神、ふみふそおわはつわね、大国主命、迩迩芸命）。

4月は世界の神々が何万人も来られましたが、地球の国造りをしてくださった神々に敬意を払ってなのか、神棚、厨子にとどまる神様は少なくなっていました。5月に入ると、厨子には地球創造のそうそうたる神々が6神のみ揃《そろ》われたままお変わりなく、神棚は5月18日に天照大神様が来てくださるまで、ほかの神様方は椅子に引越しをしてお迎えの準備をされていたのです。5月になったら天照大神様が来られることが神の世界では決まっていたとわかりました。

宇宙、地球創造に尽力を尽くされた神様が、直々に一般の家庭に来られたと言っても誰も信じられないでしょう。私が神様との会話が可能なことや、地球を誰よりも愛している心が神様にはわかるのだと思います。

今まで偉大な聖者を世に出してきたものの、地球の現状は目に余り、いつ世界戦争が起こるのかと心配の種は尽きず、そこで神直々の光、言葉を放つことが良い案だとお考えになられたのです。これは対話で確認しています。

神様はこの本の出版にとても期待を持っておられます。この本が出版されれば、共感した強力な協力者が現れるそうです。「すべての宗教は元一つ」を強く言われ、すべての宗教の創始者も勢揃いされています。創始者の方々は「宗教者のトップが自我を捨てれば争いはなくなる」と教えたくて集っています。何千年の時を経て、今なお思いを伝えようと一生懸命です。私と同じく、神様の思いを叶えたいと思う人は、きっと現れると信じています。

37神（神々の系譜17神と現人神20神）

私のところにいらっしゃっていて、まだお名前が書かれていない神の名を掲げます。
神々の系譜17神と現人神20神の方々のお名前です。

・蛭秋津日子神（はやあきつひこの神）
・鹿屋野比売神（かやのひめ神）
・金比毘古神
・金比毘売神
・底津綿津見神（そこつわたつみの神）
・上津綿津見神（うはつわたつみの神）
・天太玉命（あめのふとだまの命）
・子神（ひるこ神）
・速萬幡豊秋津姫命（よろずはたとよあきつひめ命）
・経津主神（ふつぬしの神）
・建玉依姫命（たけたまよいひめの命）
・天穂日命（あめのほひの命）

・市き島比売命（いちきしまひめの命）
・五十猛命（いそたける命）
・猿女君（さるめのきみ）
・火須勢理命（ほすせりの命）
・天香語山命（あめのかぐやまの命）

次は現人神になります。

・安閑天皇（第27代天皇）
・上杉謙信（川中島の合戦）
・大石義雄（赤穂藩の筆頭家老）
・小野皇
・桓武天皇（第50代天皇）
・菊池武重（九州南朝勢力の中心）
・楠正行（くすのきまさつら）
・黒住宗忠（黒住教）太陽の神人
・坂上苅田麻呂（さかのうえのかりたまろ）
・坂上苅田麻呂の后

・大国豊知主命（島津義久）しまずよしひさ
・梅岳霊神（立花道雪）たちばなどうせつ
・瑞玉霊神（立花誾千代）たちばなぎんちょ
・東郷平八郎（海軍軍人）
・仁康親王（雨夜尊）あめや尊
・稗田阿礼（ひえだのあれ）
・藤原時平
・藤原師賢
・源義家
・源頼光

生前もお国のために尽力され、今なお日本国、世界の行く末を案じておられます。やっと神様のお気持ちを伝達できる手段に出合い、とても期待して来られているのです。私も重大な役目をこなせるかどうか、とても心配です。しかし、神様はこの方法しかないと言われますので、やるしかないのです。私も神様が世界の平和を愛する気持ちと同じだからです。

因幡の白ウサギの伝説　大国主大神様

かつて、素佐鳴尊様に八岐大蛇退治の話をお聞きしたところ、半分くらいが事実と違っていました。大国主神様もおられることがわかっていたので、因幡《いなば》の白ウサギの話も真実なのか確かめてみたくなりました。

この話はとても有名ですから、ご存知の方も多いと思います。6月14日、大国主神様にお聞きした内容です。事実は○、事実と違う項目を×としました。

答×「因幡の白ウサギが向こう岸へ渡るのに、ワニザメをだましたことで皮をはがれた」

×「痛みで泣いていたら大国主大神の兄たちが通りかかり、海水で洗って、日に当たって乾かすように言ったために、ますます痛くなった」

○「あとからきた弟の大国主神様が訳を聞いて、真水で洗ってガマの穂をつけるように教えた」

×「兄たちに腹を立てたウサギが、八上姫にこの事実を告げ口した」

○「八上姫は弟の大国主大神を選ばれて結婚された」

○「白ウサギはけがをしていただけ」

大国主神様の奥様もここにおられて、このお答えを直々にいただきました。

○「大国主神様のお心に惹かれ、夫に選ばれた」

「この伝説の真実を本の中に書いてもよろしいでしょうか?」とお聞きすると、「はい、よいです」とのお答えをお二人からいただきました。時代が違っても、女性の心をつかむのは優しさと愛の心のようですね。果てしない年月を経て、今もお二人はともに同じ目的の道を歩んでお傍らにおられます。

神の導きのままに

6月14日、以前から神棚を新調したいと思っていたので、行動に移しました。神様は200神くらいが常時おられますが、人数が多くて居場所がないためです。

以前、お願いした方に来ていただいたのですが、神様のご意見と一致しなかったので、そこで、「神棚を製作してくださる方をご存知の方はいらっしゃいますか?」とお聞きしますと、「知っています」(232神)とのお答えでした。岡崎市から近い西尾市で地域の皆さんをお守りされている神様がおられ、この神様が神棚の製作にふさわしい方をご存知でした。対話からその方が西尾市鶴ヶ崎町にお住まいと判明、番地もわかりました。

西尾市と聞いて、私はあることを思い出しました。神棚について悩んでいた夜、以前住んでいたときの知り合いの女性Kさんの夢を見ました。もう30年お会いしていませんが、Kさんは今回出てきた西尾市在住だったのです。そこで神様に「Kさんの夢を見たのですが、関係ありますか？」と尋ねると、「関係がある。今日伺った方がよい」とのお答えだったのですぐに出かけました。

神様に教えていただいた番地に行くと、目を見張るほど大きな石の布袋さんなどが置かれてある立派なお屋敷でした。しかし、表札も番地もなく、大きな石にA組と刻まれているだけ。ここのことなのかな？と心配になり、とりあえず夢に出てきたKさんに電話をしましたら、お留守でした。

その日はだいたいの様子がわかったので、いったん帰宅。それから神様にご報告申し上げると、「そこで間違いない。一人で行くよりKさんと行った方がよい」とのお答えなので、夜、再びKさんに電話。翌日に会ってもらえることになりました。翌日、Kさんと30年ぶりにお会いしてお聞きすると、A組はご実家の近くにあってよくご存知だとか。このような不思議な話に、嫌な顔もせず相談に乗ってくださり、同行していただけたのです。

到着すると、ちょうど奥様がお花の水やりをしていました。すぐに部屋に入れていただき、今回の経緯を説明。突拍子もない話なので心配でしたが、「私はそういう話、信じる方です」とお気軽に言ってくださったのでホッとしました。途中で旦那様も呼んでくださり、お知り合いの中でどなたが適任か、どのような造りにしたらよいか、と話はどんどん進展。わが家で設置場所を見ていただくことになりました。

場所、夢、知り合い、相談にふさわしいご夫婦まで、神様のお導きで適任の方々を完璧に教えてくださったわけです。帰ってからご報告させていただくと、神様も同行しておられたのがわかりました。実は、神様の子孫に当たるお宅だったらしく、理解してくださる方に出会えたのは本当にありがたく、ますます確信と自信をいただいた感動の1日になりました。

今回、近隣の神様が来ていただいているとわかったので、ほかにも近隣から来てくださっている神様がいらっしゃるか、お聞きしてみました。すると、安城市、碧南市、豊橋市、知立市、名古屋市からもお一人ずつ来られていることがわかりました。

増え続ける宇宙霊

6月24日（土）最近では、224神の神様が常在してくださっておられますが、昨日は7神の神様がおられなくて、ご自分のエリアにお帰りになられたのかな？と思っていました。

今朝5時前のこと、小さい音でしたが、玄関のチャイムが鳴ったので、目を覚まし誰か来られたのか？こんなに朝早くだし、もしかしたらこの間みたいに神様かもしれないから！と思って階下に降りて行き、すぐ玄関の写真を撮ってから開けました。その後まだ眠かった私は、また2階に戻って寝ました。いつもの時間に起きて、朝のチャイムは何だった？と写真を見ると7神の神様がおられました。

そこで、神様にお聞きしましたところ朝玄関に来られたのは、昨日いなくなった神様方で、ただ今帰りました、とのことだったみたいです。神様は、出入りも自由自在ですが、こうして合図してくださることもあるのです。ピンポンもそんなに大きい音ではなかったのは、他の神様を起さないように私だけに聞こえるようにメッセージを送ってこられたのでしょうか？天照大神様がこちらに来ておられるので、変わったことがないか様子を見に行かれたとのことでした。

私は毎朝浄化した霊がいれば、その霊たちの会話をしてから、旅立ってもらうことが日課になっています。

最近では、ほとんどが宇宙霊ばかりです。なぜこんなに多いのか？いつも疑問です。神様にもお聞きしながら、ようやく糸口がつかめてきたところです。以前から宇宙霊にも、訳を聞いてきました。

第一は、地球はすべてにおいて最高に作られている！と神様が声を大にして言われるように、他の星から見ると地球はとても美しく輝いて見えるそうです。生きているときは、瞬間移動もできなかったけれど、霊魂になるとそれができるので、多くの宇宙霊は地球に探検、旅行気分で来られるそうです。しかし、その楽しい気分は1週間くらいで、後は最悪の地獄に落ちることになります。それは、どうしてか?と神様にもお聞きしてわかったことは、遠くから来られ喉も渇く、お腹も空いた、ということでその辺にある水や食べ物を飲んだり食べたりします。霊が口付けしたものを、人間、動物がそれらを口に入れることで、その宇宙霊が皆さんの身体の中、血液の中へ入ることになってしまいます。その霊が病気を持っていれば同じ病気が、精神を患っておられれば同じ精神疾患を患うことになってきます。その霊たちはそのままその方が亡くなるまで外に出ることはできません。真っ暗な血液の中、あっちに行ってもこっちに行ってもぶち当たり、毎日毎日出口を探して右往左往しています。その揚げ句に、生きていた時の痛みや苦しみも襲ってきます。何十年も居続けると、その苦しさが倍増して増加してきます。その顕著な現象が年をとるごとにあちこち悪くなって、年のせいにしているもろもろがそういうことなのです。私も、昔は出てくるのも霊、菌、ウイルスでしたが、今では宇宙霊ばかりです。私は、皆さんより浄化もすぐできるので、日々取り尽しているのですが、それでもまだまだ出てきます。

このような現状を見るにつけ、地球上の人口は70億だとしても、一人に1霊の宇宙霊が入っていたとしても70億の霊魂です。ここに来ておられる方、孫や、私でも一人から出てきたのは、少なくみても100霊以上はいましたし、そんなことを考えるとため息が出てきてしまいます。神様もこの現状を大変にご心配されておられます。私も事実がわかってから、心配の種がドーンと増えました。

宇宙霊の方は病気も多いですし、精神の方の難題も多いです。そして、この霊に効く薬はありません。

先日もテレビでもよく放映されておられた癌の方に憑いておられた宇宙霊にここへ来てもらってお話を聞きましたが、確かに抗癌剤が血液の中に入ってくると、霊もますます苦しくなるそうです。しかし、生き延びていました。東京の病院から愛知の私の所へ呼び、その霊自体が苦しんでいる癌も浄化しながら、霊とお話しをしました。まず身体から出られて自由になれて地獄から天国に来られた霊たちは、ものすごく感謝してくださいます。この世にはこのような過酷な地獄はありませんが、この霊たちは、自分たちが何十年と苦しんだ末なので、私のお話をしっかり聞いて全員がお答えしてくださいます。私は、いつもそれらの霊たちに旅立ったら、この事実を皆さんに伝えてくれるように言っています。その宇宙霊も癌も癒やされ楽になったと言って故郷へ旅立っていかれました。

霊たちも、食べたり、飲んだりしたことで、人や動物の身体から出られなくなる最も苦しい地獄を味わうことも知らなくて、今もなお、その現状が続いており、これからもますます増え続け、もう手の施しようがなくなってくるに違いありません。それは、日本だけではありません、世界中の方々に同じことが起こっています。

どうしてここまでわからず進んできてしまったのか？神様との対話、霊魂との対話ができてこなかったからではないのかと思います。

今は、身体に入った霊たちのことを言いましたが、電化製品の中にも入っています。それは、傍らに行ったり、そこにのっかったりしていると、電源が入ると中に引きずり込まれます。先日も、体重計が壊れたので見ると宇宙霊の男女が入っていました。取り出して、体重計の中からなぜ出られなかったの？と聞くと、どうしても出られなかった！と言っていました。体重計は、取り出したことで正常になり今も使っています。

人や動物は、体調が悪くなり、物や電化製品は故障するということです。それらから出られなくなった霊たちは、憑いた人、憑いたものと一緒に焼却されて魂も消滅するか、また埋め立てに使われれば、そこから一歩も出れず何百年もそこで修行になるそうです。

そんな過酷な現状になることを、世界中の方々が知る由もありません。私も17年の研究の結果、最後に神様や霊との対話、また神の光でそれらを浄化できた結果で確信を得たところです。ここまで解明できたことで、皆さんにもこの実情を理解していただき、これ以上増やさないこと、入ってしまった現状は、1日も早く浄化していくことが、自分たちや社会にとって幸せへの第1歩になってくるのではないでしょうか。

第3章　夢物語と未知の世界

正夢で来られた神様

夢を見ても思い出せない夢がほとんどですが、2017年2月10日の夢は、起きる直前だったこともあってリアルに記憶していました。どなたかが何か発しているのかな?1度お聞きしてみようと思って、朝方この内容の夢を見ましたが、何方かの神様が見せてくださった夢でしょうか?心当たりの神様がおられましたら教えてくださいと、お聞きしてみたところ、わが家にはおられない女性の神様からのお答えがありました。夢の内容は、大体合っていて話したいことがあって来られたことがわかりました。夢の中の地名の中で、私が知っている方は一人だけだったので、その方に電話して夢の内容を告げると○○さんのことかもしれない……と言われましたので、再度神様にその方のことですか?と確認を取りました。

その方の宇宙の魂に関係することらしく誰にも相談できない悩みを持っておられるので力になってほしいとのお言葉でした。後日知り合いがその方にその旨を話してくれることになりました。このことを通じて、神様も皆さんの願いをかなえてあげるため、一生懸命お力になってくださっておられる姿を目前で体験させていただき感動を覚えました。

よく自分たちの願いがかなわないと、神も仏もいない!と自分勝手なことを言っておられる方がいますが、かなえていただけない方は、努力が足りないとか、ふさわしくない願いとか、間違ったことをお願いしているとか、償いとか……何らかの意味があるのではないでしょうか?

宇宙霊、アナコンダとの絆

2017年7月4日、台風3号が上陸、東海地方も進路予測に入っていました。この頃には台風に霊が多く入っていて、それが被害を大きくすることがあるという事実をつきとめていました。

そこで、台風の中に誰がいるか、見てみました。すると、やけどで疼きのヘビがいました。やけどだと熱くて苦しい思いで亡くなっているので、雨が恋しいのかもしれません。しかし、私は極度のヘビ恐怖症。小さくてもキャーと隣まで逃げるくらいです。熊も猪もかわいいとしか思えないのに、ヘビの測定だけは怖くて写真を裏向きにしてやるくらいでした。

前日から神様に「ヘビさん呼んでも大丈夫ですか?」とお聞きして、「何の心配もありません」のお墨付きをいただき、勇気をもってまずは差し迫っている台風の中の1匹だけ呼んでみました。

質問…「あなたはやけどで疼きがあるようですが、身体の疼きはいかがですか?」
答「まだつらいです」
質問…「だんだん楽にしていきますからね。やけどの原因は?」
答「野焼きです。どうしても水が恋しくて、台風の中や雨が降っているところへ行くことが多く、暴れると雨風が強くなることもあります」

浄化しながら対話していたので、そのあと疼きもなくなって旅立ちました。人間の勝手でヘビさんがお休み中に野焼きをやって、逃げ場を失って亡くなったのでしょう。亡くなってもやけどの傷が疼いていたのはお気の毒でした。

その後、神様に浄化するようにとお聞きした方たちもそれぞれお呼びしました。イスラムのバグダディの中には神経異常（女性）、戦闘員にはサタン男女がいました。

身体の中から出てこられた方は、皆さん長く地獄の日々を送っていたので、ありがたさのわかる方ばかりです。私も昔は霊が悪い病気や性格にさせていると思い込んでいましたが、憑いていた霊は地獄に陥っていました。中に入った人も入られた人も、お互いにつらい思いをしていたのでした。

二度と地獄に落ちないようにお話をさせていただき、「ほかの方々にも伝えてください」とお願いして旅立っていただきました。三人とも豆ご飯を食べてお帰りになりました。これでバグダディや戦闘員たちの精神も良くなってくるでしょう。

ヘビさんが怖い存在でないとわかった私は、ほかのヘビさんも気になってきました。すると、まもなく世界の気象レーダーのオーストラリアの下に、パニックとストレスを持っている男女のヘビを発見。気になって呼んでみました。

お聞きしていくと、２匹はご夫婦とのこと。奥さんがパニックの生き物を食べて自分もパニックになり、夫はその看病でストレスを持っていました。その後、話しながら癒やしていくと「楽になってきた。今日はとても良い話を聞いたので、皆さんにこの事実を伝えていきます」と言われて帰っていかれました。のちに神様より、「ご夫婦はアナコンダの霊だった」と教えていただきました。

そんな最中の同日、『北朝鮮がまたミサイル発射！』のニュースが入ってきて、「忙しいのに仕事増やさんでよ！」と私は一人で憤慨することに。以前のミサイルでは先端に放射線の数値が出て、浄化すると出なくなり、打ち上げが失敗していました。最近のミサイルには放射線の部品を使用していないようです。打ち上げ成功の笑顔のキム・ジョンウンの顔を測定すると、神経異常の宇宙霊（女）が一番上に憑いていました。この方も自宅へ呼びました。

そのほか、アフリカのサウジアラビア寄りに26人の宇宙霊がいましたのでこちらに呼んでお話を聞くと、この方々は4月に国連安全保障理事会におられて自宅へ来られた方々でした。（「第2章　ろねらわゆわ（神様との対話）・集団霊の浄化」を参照）。あのときは402霊の宇宙霊だったはず……。

「あとの376人はどうされたのですか?」と聞くと、「水星に帰られた」のだそうです。

その後、キム・ジョンウンにいた宇宙霊も26人の宇宙霊も今夜は泊まっていくと言われたので、お食事を食べていただき、休むための寝床をタオルで作りました。

翌朝、26人の方に「以前来られた方々もお呼びしたく思いますが、よろしいですか?」と尋ねると「はい、うれしいです」とのことなので、早速お呼びしました。そこで「水星はどんなところですか?」と376人にお聞きしました。

答「地球よりも進んでいる」

「地球にあって水星にないものは山です」

「海にも同じくらい生物がいます」

「環境、整備が整っている」

「地球みたいに戦争のような争い事がない」

「空中を自動車のような乗り物が走って移動している」

「どこでも電気が起こせて使える」

「線路があって高速移動をしている」

「漁業、農業もある」

「病院もある」

「地球より水星の方が住みやすい」

この話を昨日から来られている26人の方と、キムさんにいた女性とが一緒に聞いていました。その方たちに聞いてみました。

質問…「これらの話を聞いて、水星の方が良いなと思われましたか？」

答「水星に住みたくなった」

質問…「全員で水星に行かれたらどうですか？」

答「はい、そうします」

質問…「水星から来られた方に質問です。ほかに何か伝えたいことはありますか？」

答「水星の良いところを教えてあげたい。水星の進化を見せてあげたい」

そして、全員で水星に帰っていかれました。またいつか、水星の進化の様子や戦争が起こらない理由を聞いて地球も見習いたいものです。

7月7日、台風が去ったあとに九州の豪雨被害が報道されました。調べてみると、雨の中に2匹の男女のヘビがいたので、お呼びしました。2匹は姉と弟で、姉の説明によれば「弟はパニックの発作が起こると、雨のところへ行きたがる」、弟に聞くと「雨の中で気を紛らわす」のだとか。

質問…「現在、九州が豪雨ですが、雨雲を海の方へ持っていけますか？」

答「できる」（姉弟）

質問…「台風のように強いものも海の方へ、移動できますか？」

答「大きいのは人数を増やせばできる」（弟）

「ヘビでも力のある方とない方がいる」（姉）

質問…「ありがとうございました。たいへんありがたいお話を聞けました。台風がきたとき、中におられる病気の方は私が神の力をお借りして癒やしますので、残った雨風はヘビさんの力で害のないところへ移動させてくださいますか?」

答「はい、できます」(姉)

「自分が皆に言って集合をかけられます」(弟)

質問…「ヘビさんの大きさは?」

答「大蛇ぐらいの大きいヘビ」(姉弟)

質問…「地震も動物が関係している場合がありますか?」

答「あります」(姉)

「自分たちも怒りが爆発するとそういったことができる」(弟)

「今日は九州の豪雨をお願いします。また今後、このようなことが起こったときにお力をお貸しください」と話して九州へ出発していただきました。その後、九州の衛星写真を見ると、2匹の姉弟大蛇が九州の上でがんばってくれているのが見えました。

とはいえ、九州の広大な範囲を二人だけでは大変なのでは?と、気が気ではありません。まず、九州の上空には浄化前の牛さんと宇宙霊がいましたので、彼らがヘビさんの仕事の邪魔になってはいけないと思い、こちらに呼んでみました。

同時に先日(7月4日)旅立ってもらったアナコンダのご夫婦にも来ていただき、皆さんにお聞きしました。

質問…「九州の豪雨に困っています。今日2匹の姉弟のヘビさんにお願いしたところですが、皆さんの中で雨雲を海の方へ送れる方はいらっしゃいますか？」

答「できない」（牛と宇宙霊）

質問…（ここからはアナコンダ夫婦に**質問**…）「九州はわかりますか？」

「できる」（アナコンダ夫婦）

答「わかる」（妻）

質問…「パニック病は治っていますか？」

「応援に行ってもよい」（夫）

答「治っている」（妻）

質問…「お身体の大きさは？」

答「大蛇」（夫妻）

そこで、先に行っている大蛇姉弟のお手伝いと、また台風がきたときのことをお願いして、アナコンダさんだけ先に食事をしていただき、九州に向かっていただきました。牛さんは餌が貰えず、餓死したそうです。

九州は最近、地震が多いですね。熊本地震のときも毎日テレビにくぎ付けで、映像に映ったさまざまな霊や動物霊たちを浄化しましたが、あの当時はまだ会話まで進んでいなかったので、その場にいる霊魂を光で浄化して空に上げただけなので、それですべての痛み、苦しみが消えているかは、もう1度呼んで一人一人お聞きしてみなければわかりません。いずれお聞きしてみたいと思います。

今回は1度送り出したアナコンダ夫婦をもう1度お呼びしてお話ししましたが、会話して出ていかれた方々とは親友のような気がします。いつの間にか現界の知り合いより多くなっています。その後、気象衛星から九州上空を見ると、姉弟の大蛇とご夫婦の大蛇（アナコンダ）ががんばってくれているのを確認。皆さんとても素直で良心のある方ばかりでありがたいものです。

7月8日にはロシアに前立腺の悪いヘビさん（男性）を発見。この男性も気になって呼びました。浄化すると、前立腺はだんだん良くなってきました。

質問…「ご気分はいかがですか？」

答「とても良い気分です」（前立腺のアナコンダ）

質問…「あなたの身体の大きさは？」

答「大蛇」（前立腺のアナコンダ）

質問…「雨や台風は動かせますか？」

答「大きいのは皆でやればできる」（前立腺のアナコンダ）

質問…「前立腺の方は楽になってきましたか？」

答「はい、楽になりました」（前立腺のアナコンダ）

質問…「昨日からがんばって雨雲の除去をしてくださっている、4匹のヘビさんを呼んでお聞きしたいと思いますがよろしいでしょうか？」

答「はい、よいです」（前立腺のアナコンダ）

質問…「（全員が集合して質問）昨日朝の姉弟の大蛇の方、昼4時半過ぎにご夫婦の大蛇（アナコンダ）の方も九州に行っていただきまして、一生懸命やっていただいているのが見えました。本当にありがとうございました」

答「雲が両方に別れて列島の上の雲がなくなってきました。4匹でやっていました」（アナコンダ夫、大蛇姉）

答「たくさんの雨雲を海の方に移動させたので峠は越えたと思います」（大蛇弟、アナコンダ妻）

質問…「雨雲を移動させるのは、ヘビさんの仕事としては？」

答「毎日は疲れるが、たまになら楽しくやれる」（アナコンダ夫婦、大蛇姉弟「自分たちの仕事としては、簡単なこと」（アナコンダ前立腺）

質問…「九州は峠を越したようですね」

答「すっかり晴れるまで見届けます」（アナコンダ夫、大蛇弟）
「雨が降らなくて困るときは、雨を降らせることも可能です」（アナコンダ妻、大蛇姉）

今後、前立腺の方も一緒にお手伝いしていただくことになり、５匹全員にお礼を申し上げて、お食事後にお帰りになりました。この日は波動教室の前日だったので、夕方からお手伝いに来られた方にこのエピソードを話しているうちに、アナコンダについて神様にお聞きしてみることになりました。この日、こちらにおられた２３９神の神様の回答です。

質問…「神様いつもありがとうございます。昨日からヘビさんに九州の豪雨を鎮めていただいています。今日も５匹来ていただき、全員大蛇と申しておりましたが、大蛇とは？」

答「アナコンダです」
「パニックの夫婦と前立腺の方がそうです」

質問…「大蛇に九州の豪雨を鎮めるようにお願いしたのは、よかったですか？」

答「はい、よかったです」

質問…「竜神や竜にお願いするのはいかがでしょうか？」

答「竜もよい」

質問…「日本列島より大きい竜が写真で撮れましたが、こういう方のお力も借りられるのでしょうか？」

答「借りられます」

「緊急なときはお願いすることも良い」

質問…「先ほどの日本列島より大きい竜さんですが、脊髄がないように思いますが、宇宙竜さんでしょうか？」

答「はい、そうです」

質問…「宇宙竜さんでもお願いできるのでしょうか？」

答「はい、できます」

7月13日には列島に雲もなく、5匹の姿を見るともともと豪雨の中にいた大蛇姉弟がいるだけで、あとの方は元のところに戻っておられるのがわかりました。

さかのぼって調べると、12日PM19時までは5匹全員が列島の上にいて、雨が落着いたのを確認してお帰りになったようです。7日昼〜12日まで6日間もがんばってくださったので、近いうちにお呼びしてお礼を言わなければと思いました。どんな動物も素直で良心のある方たちばかりなので、皆さんも尊敬し、大切に扱ってくださることをお願い申し上げます。

アナコンダ、家族との再会

7月14日、世界中のアナコンダを調べてみました。

実は波動測定器で大蛇は「ヘビ」で調べられますが、アナコンダはヘビではなく、人間と同じ波動でしか反応しないのです。アナコンダはそれだけ霊格が高いのかもしれません。

巨大なために世界中の衛星写真のどこからでも反応してくれて、見つけやすいのが特徴です。この日、新たにアフリカの西にアナコンダが見つかり、こちらに来ていただきました。

お聞きしていくと、関係は母と息子でした。二人とも病気で亡くなったそうですが、ご主人は人間に連れていかれて、その後生きているのか、死んでいるのか、わからないとか。息子さんは膀胱が原因で亡くなっていて、今も膀胱が悪いと出たので、お話ししながら浄化させていただくと、楽になってきたようです。

私は先日の九州豪雨の一連のお話をさせていただきました。そのなかで、前立腺の悪かったアナコンダの男性もお手伝いしてくださったのを思い出して、聞いてみました。

質問…「ご主人は前立腺の調子はどうでしたか？」

答「悪かった。夫かもしれない」（母）

「確かめてみたい」（息子）

私もまさかそんな偶然が……と思いましたが、先日のお礼もまだでしたし、同じアナコンダでこれを機会に仲良くなってくれればと思い、早速お呼びしました。

質問…「先日は九州の雨を一生懸命移動してくださり、本当にありがとうございました。今日は同じアナコンダのお母さんと息子さんをお呼びしましたが、関係ありますか？」

答「妻と息子です」（前立腺アナコンダ）

「夫、父です」（母と息子アナコンダ）

信じられない不思議な感動の親子対面になりました。

答「うれしくて最高の幸せ。うれし涙がいっぱいです」（家族全員）

人間に連れていかれたお父さんは殺されたあと、元住んでいたところに戻って住んでいましたが、妻と息子がアフリカの方に場所を変えてしまったため、会えなかったようでした。母子はお父さんの帰りを長い間待っていたものの、帰ってこないので諦めて移住したそうです。

質問…「九州の雨雲移動はいかがでしたか？」

答「簡単だった」（前立腺アナコンダ）
質問…「何日もかかりましたが、途中で食事をしましたか？」
答「食事もせずにやっていた」（前立腺アナコンダ）
質問…「また困ったときにお願いすることもあると思いますが、よろしくお願い致します」
答「はい、わかりました」（家族全員）
お食事はいつも卵の殻付きをあげていましたが、今まで誰も食べてくれなかったので、今回は割ってあげてみたら、全員が食べてくれました。
私はいつも戸を開けて写真を撮り、皆さんが帰っていかれたかを確認しています。今回も同じように撮り、翌日写真を整理したらびっくり。空にアナコンダのりりしい顔が写っていたのです。居合わせた方は「竜だ！」とひと言。その顔には3人家族の波動が出ていました。翌日、どこへ帰られたのか調べると、奥さんたちのいたアフリカに戻られました。

※後日談があります。
アナコンダさん家族の旅立ちの時に撮れた写真に、鳳凰様が現れていたことが後日わかりました。２０１７年10月28日、鳳凰様をお呼びし質問させていただきました。
質問…「7月14日アナコンダさん家族と再会できた日にお出ましくださった鳳凰様、

男性3神、女性3神でいらっしゃいますか?」

答「はい、そうです」

質問…「その日こちらに来られたのはどうしてでしょうか?」等お聞きしました」

答「神様から連絡がありました」

「アナコンダさん家族の再会を祝福するために来ました」

「鳳凰様はまだ他にもおられます」

「中国の伝説上の鳳凰様の姿は、事実ではありません」

「鳳凰様のお役目は平和の象徴で、幸せにつながることがあるときにお出ましになられること」

「神様、竜神様と同じく何回か生まれ変わり、孔雀から鳳凰様という順番です」

「不死鳥(フェニックス)とも呼ばれています」

この日、鳳凰様は伝説上の神様ではなかったことがわかりました。

今まで伝説で読んだ夢の世界だった天照大神様をはじめとする神々、竜神様、鳳凰様と遭遇し、居合わせた会員もこのような新しい発見に日々驚き、感動しています。

ご先祖様も地獄を体験

魂になっておられる方が食卓のご飯を食べると、魂が食べたものに霊の足跡が残り、食べた人の身体の中に入ってしまい、その人が死ぬまで外に出られなくなります。また、その人が亡くなったときは同時に自分の魂も消滅します。神様によくお聞きしましたら、人間を創造されたとき、そのような仕組みを入れられたそうです。

2017年7月19日夜、やっと時間が取れたので2カ月近く帰って来ない父と、最近、食事に来なくなった母が気になって、呼んでみました。

母は「福井の姉の家に行っていたが、帰れなくなった」、父は「誰かの身体の中に入って出られなくなった」との回答です。父のことですから、どこの家の食卓だろうと遠慮しないで食べていたのでしょう。生前もそのような性格だったので「食べてはダメ」と言っても聞かず、地獄に落ちるのも予期できました。でも、世界情勢や九州の豪雨などで忙しくて手がまわらなかったこともあり、地獄のつらさも自分で体験した方がよいかもしれないと思っていました。生きておられる人でも体験しなくてはわからない人は多いですよね。

調べてみると、父は姉の身体の中に入っていました。感想を聞いてみました。

答「真っ暗で外に出たいと思って出口を探すけれど、どうしても出られない」

「ほかにいろいろな菌・ウイルス・霊がいっぱいいた」

「地獄そのものだと思った。もう二度と入りたくない」

戦争に3回も行った父でしたが、これほどの地獄は初めて体験したそうです。その後、父を地獄から、母を迷子から呼び戻したところで、そういえば野村家の先祖4人（義理の父母、兄、姉）も4カ月近く帰ってきていないことに思い至りました。

孫やひ孫に当たる福井の女性が癌で入院していたので、心配で福井に行っていたのはわかっており、私もこれまで様子を見ていたのですが、義理の兄を呼んで訳を聞いてみることにしました。

質問…「今までどうされていましたか？」

答「父と母が食卓のご飯を食べていなくなってしまい、帰れなかった」

「私のところへ頼みにきたけれど、気がついてくれなかった」

「自分と妻は大丈夫」

「今からでも3人を呼んでくれるとうれしい」

早速、3人をお呼びして、霊が人や動物に入ってしまうプロセスのお話をしました。それから、3人に感想をお聞きしてみました。

答「わかっていたけれど、こんなにつらい地獄だとは知らなかった」（義理の父母）

「今まで味わったことのない、想像を絶した恐ろしい所です」（義理の父）

「生きている人でこの地獄を味わっている人はいないと思う。それほど悲惨なところ、二度と行きたくない」（義理の母）

そこで、長い間食べていない3人に食事をあげました。義兄と義姉と義父はプリンを、義母はパイナップルを食べました。今の気分を聞いてみると……。

答「身体から出てこられただけで、天国の気分になれた」（義理の母）

「ここに呼んでもらって話をしているうちに、楽になってきた」（義理の父）

質問…「お義兄さん夫婦はどうして食事をされなかったのですか？」

答「食べたいと思ったが、食べてくださいと言ってくれなかったので、食べられなかった」（義理の兄）

「早く岡崎に帰りたかった」（義理の姉）

義父母、義兄夫婦の中では義兄しか瞬間移動ができませんから、ほかの人は義兄とともに行動しなければどこにも行けないのです。だから、義兄も父母を待っていたのでしょう。亡くなっても親孝行している人です。ちなみに、その後の孫の様子を聞くと、元気になって生活はできるようになったようです。

私の身近なこの一件からも、霊が人間や動物の血液に簡単に入り込んでしまうこと、また、霊にとってはこのうえもない地獄であることが理解いただけると思います。縁のある方々はこの事実を多くの皆さんにお伝えし、同じ間違いをしないように注意していただくのが一番の得策です。神様もそのように言っておられます。

これがまさに神隠し

7月26日は波動教室の日で、会員の方から自分が飲んでみて良かったという健康食品を1箱いただきました。

一応、霊、菌、ウイルスを確かめましたが、大丈夫そうだったので、その日、試しに1袋飲んで寝ました。ところが、翌日、それを飲もうと思って商品を探しても見当たりません。半日探し回りましたが、どうしても見つからないので、その夜、神様とご先祖に質問したのです。

「皆様にお伺いします。今朝からC箱を探しています。どうしても見つかりません。どなたか知っておられる方がいましたら、教えていただけないでしょうか？」

すると、先祖は「知らない」、116人の神様からは「知っている」とのお答えが。訳をお聞きすると、「その商品は老化が進む良くないものだから、私に見えないようにした」

とのことでした。神様がそこまで気を使ってくださったことが、ありがたくて仕方ありませんでした。

その翌日、早朝からメールが入っていました。健康食品を下さった彼女からで「昨日から熱と痛みがあるので、写真を見てほしい」とのこと。彼女の写真を調べてみると、痛みというコード番号にマイナスが出てきました。腎結石と胆石を持っている人ですが、それが原因ではありませんでした。

この日、あれだけ探しても見つからなかったC箱を発見。測定してみると、彼女の症状と同じ、炎症（熱）、痛み、毒素、老化が出ました。しかも、彼女が写真で指さしている「痛い箇所」にも同じものが出たのです。2週間前に4日ほど続けてヨーグルトに入れて飲んだら、2週間後に影響が出たようです。

神様からのお知らせがなかったら、これが原因とはわからなかったでしょう。箱の紛失がなければ私も飲み続け、彼女もそれとわからず同じ過ちを繰り返していたでしょう。今回は神様のおかげで難を逃れましたが、世間の大半の方々はその事実を知る由もないのです。

こんなこともありました。この5日前に風邪のような症状に悩まされました。くしゃみは出るし、鼻水は落ちてくるし、喉はつらいし、その晩は苦しくて眠れませんでした。翌日はバレーボールの当番や波動教室もありました。これでは話もできないので、早く治すために本腰を入れて測定すると、その原因がわかりました。

蜂蜜、生姜などが入っている飴の中に、風邪、鼻炎マイナスが入っていました。4～5個食べたと思いますが、16個残っていた飴の3個にそれが入っていました。その後、口の中に2ケ所、舌、頭の4カ所から風邪を浄化すると楽になり、ぐっすり眠れました。翌日は左手、頭から浄化できて、すっかり良くなったと思ったら、5日目にまた鼻水がたらたらと落ちてきてびっくり。すぐに頭から除去して楽になりました。このように、浄化しても残骸が残っていることは多々あります。

痛みが毎日のように続いた彼女

こうして迎えた7月26日の波動教室の日。最後まで残っていた女性が、いきなり「痛い！痛い！」と後頭部を押さえながら言うので、写真を撮りました。

すると、そこには白いオーブがたくさん写っていました。測定すると、痛みと吐き気の宇宙霊（女性）二人でした。どんどん浄化していくと、痛みと吐き気がおさまってきたので「あとは家に帰って自分でやります」と帰宅していきました。

二人は宇宙霊で、痛みが娘、吐き気が母でした。もう20年くらい女性の身体の中にいました。プレアデス星から病気を治したくて来たのに、真っ暗で出口のない地獄にはまってしまったのです。私がお話ししながら浄化していると反応が消えたので、お聞きするとそれらの症状がなくなっていました。

翌日、この旨を連絡すると、彼女にはまた違う痛みが来ていました。痛い部分の写真を送ってもらうと、今度は菌で肝臓癌の痛みを持っていました。

再び菌と対話していくと、菌には子供がいて、自分が地獄に入る前は野菜畑に子供といたそうです。すっかり痛みも取れた菌さんは、以前の野菜畑に子供に会いにいくと言われたので、「会えるといいですね」と言ってお別れしました。

その出来事をまた彼女に連絡すると、「今度はお腹の方が痛くなって……」。また〜っ⁉しかし、痛いのを放ってもおけず、写真を送ってもらい、調べました。今度は腎臓結石のウイルス。この痛みはよく起こっていたらしく、尿にも血が混じり、痛み止めを飲まなければ我慢できないほどなのに、病院の診断は膀胱炎だったとか。ウイルスとも対話してみました。

質問…「前世は人間だったのに、ウイルスに降格されているということは何か思い当たることがありますか？」

答「石のように頑固で、誰の意見も聞かなかった」

痛みも取れて元気になり、生きていたときの過ちも素直に認め、十分反省もされておられるので、霊界生活の中で償いを果たせば、来世はまた人間に戻れるかもしれないと感じたウイルスでした。

こうして、彼女にその旨連絡すると、今度は「背中が痛い」。「もういい加減にしてよ、忙しいんだから！」と文句を言いながら、また送られてきた写真を調べると、今度も痛み、疼きの心臓とすい臓癌。

「癌だから痛くて当たり前だわね。よくこれだけ次から次と臓器の癌ばかり持ってたね」とあきれて彼女に言うと、「なぜか子供のときに心臓が痛くなって、うずくまって痛みに耐えたことがあったんですが、そのあと頻繁に痛くもならなかったので気にしていませんでした」とのこと。

心臓、すい臓の霊も40年以上彼女に住みついて、自分がどこの星からきたのかも思い出せないという宇宙霊のお二人さんでした。毎日がつらい、苦しいの思いばかりで過ぎ去り、一番の希望は外に出ることだったとか。彼女にこれらの出来事を報告するとき、さすがの私も恐る恐る電話をしたのですが、どうにか痛みは終焉を迎えてくれていました。

強烈台風５号を竜神様にお願い

先ほどの痛みの彼女に時間を取られていたとき、私は気が気ではありませんでした。強烈な台風が近づいていたのです。

８月１日に神様にお聞きすると、アナコンダにお願いするように言われ、親子対面できた３匹のアナコンダとご夫婦のアナコンダをお呼びしました。ところが、ご夫婦のアナコンダは旦那様がお見えになりません。「どうされましたか？」とお聞きすると、「訳はわからないけれどいなくなった。会いたいし帰ってきてほしい」とのこと。インターネットの衛生画像で見ると、確かに５日間くらいご主人の姿が消えています。

以前の波動からご主人をこちらにお呼びし、どうされたのかお聞きしました。すると、「誰かの身体の中に入っていて、出たくても出られなかった。二度と入りたくない恐ろしい所です」とのこと。すぐに対処して家族を再会させてあげました。

そのあとで、台風５号が列島に害のないように５匹にお願いしました。しかし、２日半が経過して台風５号はノロノロと膠着《こうちゃく》状態。アナコンダ５匹で大丈夫か心配して神様にご相談してみました。

すると、「一度呼んで聞いてみるように」と勧められ台風の中を見ると、以前呼んだことのある姉弟の弟がアナコンダをお手伝いしてくれていましたが、お姉さんが見当たりません。また地獄?と思いながら全員をお呼びしました。
弟に聞くと、やはり「姉がどこに行ったか心配している」とのこと。すぐにお姉さんを地獄から呼び戻し、皆さんに台風の件をお聞きすると、男性軍から「今度の台風は強力過ぎるから応援がほしい」とのこと。また卵を食べてもらい、台風の中へ戻っていただきました。
神様にお聞きすると、「竜にお願いするように」と言われました。私も竜は初めてなので心配でしたが、神様がおられるので自信を持って呼んでみました。
質問…「ただ今、竜の男性お二人をお呼びさせていただきました。お二人のご気分はいかがですか?」
答「地獄から天国くらいの良い気分です」
質問…「ずいぶん前の写真で呼ばせていただきましたが、その間どちらにおられましたか?」
答「誰かの身体の中。出口のない地獄に落ちていた」
質問…「お二人の関係は?」
答「兄弟です」

質問…「（経緯の説明後）台風５号が列島に被害が及ばないようにできますか？」

答「できるだけやってみる」

こうして、アナコンダさんたちが対処中の台風へ向かっていただきました。しかし、アナコンダ、大蛇、竜の計９匹といえども、連日テレビ報道されている巨大台風です。翌５日、再び神様にご相談したら竜神様の応援をお願いするよう言われました。

どうやら、神様は段階と順番を重んじられていたようです。

お呼びできたのは、男性一人、女性３人の竜神様でした。

質問…「（経緯の説明後）強力な台風ですが、列島に被害が少ないようにする手立てはありますか？」

答「はい、できる限りがんばればやれると思います」（竜神４神）

質問…「誠にありがとうございます。現在９匹の竜、アナコンダ、大蛇が行ってくださっていますが、その方たちはどうされますか」

答「手伝ってもらう」（竜神４神）

ということで、がんばってくださっている皆さんのところへ行っていただきました。でも、翌６日になっても私の心配は続いていました。強力な暴風雨の中で何日も飲まず食わずで、皆大丈夫なのでしょうか。また神様にお聞きしてみると、神様は「うまい具合にいっている」と仰せられました。

それでも、7日になってまた心配になり神様にお聞きすると、「竜神様の考えがある」と申されました。そうでした。素人がいくら考えてもわからないことを専門家にお任せしたのだから、それが一番の得策だったのです。神様にピシッと言われて、いまは横から口を出すべきでないとやっとわかりました。

その晩、一人だけ呼んでいない大蛇が気になりました。人間の野焼きで亡くなり、やけどのあとが疼くので、台風の中へ行って気を紛らわせていた大蛇の女の子。このところ、衛星画像で見かけませんでした。また地獄に落ちているのでは?と思って呼んでみると、やはり地獄に行っていました。

質問…「(経緯の説明後)霊魂になると不眠不休で何日くらいがんばれるのですか?」

答「1週間くらいだったらやれる」

人間だったら2日くらいでダウンですが、そのことを聞いて少し安心しました。そして、みんなと一緒にやれるだけやらせてもらう、と彼女は雨の中、台風に向かってくれました。皆、人間にひどいことをされたのにもかかわらず、不眠不休でがんばってくださり、頭が下がるばかりです。なにもできない人間の方が情けなくなってきました。

その後、8日に気象衛星を見ると、PM8時までは全員台風のところにいて、PM10時には全員自分のすみかに帰っていました。翌日、全員をお呼びしてお礼を言いました。

質問…「先日の台風5号、強烈台風を大勢の皆様で阻止していただき、列島の被害も最小限で食い止められました。皆様の限りないお力をいただきましたこと、ありがたくてお礼の言葉もありません。本当にありがとうございました。ところで、神様は20回以上生まれ変わり、神になられるとお聞きしましたが、竜神様も同じでしょうか？」

答「そうです」（竜神4神）

質問…「ヘビさんが竜になって竜神になるというプロセスですか？」

答「そうです」

質問…「皆さんの魂の人数がとても少なく感じますが」

答「本当に少なくなっています。そのとおりです」（竜神4神）

質問…「アナコンダ5名は8月1日から台風の中へ行ってくださっていましたが、身体の方は大丈夫でしたか？」

答「皆と一緒に心をともにしてやれたことは良かった」（アナコンダ5匹）

質問…「山火事の場合、皆さんの力で雨雲を持ってくることはできますか？」

答「できます」（10匹と4神）

質問…「世界地図で見ると、ほかの竜神様が外に7神おられましたが、ご存知でしたか?」

答「あまりわかっていませんでした」（竜神4神）

質問…「もし会うことができたら、会ってみたいですか?」

答「はい、会ってみたいです」（竜神4神）

質問…「機会があったときお呼びするということでよろしいですか?」

答「はい、それでよいです」（竜神4神）

質問…「ほかの皆さんもお会いしたいと思いますか?」

答「はい、お会いしたいです」（10匹）

最後にお礼と今後のお願いを了解くださり、有意義な時間を過ごせました。話にもあるように、現在世界中で霊魂の大蛇、アナコンダ、竜は10匹のみしか見つけることができませんでした。最近お友達になってからも、5匹が地獄に落ちていて半分になっていました。この10匹に関してはいなくなってもいつでも助けられますが、それくらいわずかの時間に減少してしまう厳しい現実があります。

神様からの啓示

7月29日、大切なものを紛失してしまいました。

健康食品のときと同様、何か意味があるのでは?と考えた私は、神様に伺ってみました。すると、「あります」とおっしゃられ、あいうえおでお聞きすると、「こぬたぬめ」の5文字が返ってきました。何のことかさっぱりわからないので、これで間違いありませんか?とお聞きしました。

答「合っている」(75神)
「この5文字を理解する」(82神)
「1文字ずつに意味がある」(82神)

天照大神様をはじめとする、239神のお言葉でした。こぬたぬめ……?凡人の私にはさっぱり見当もつきません。もう1度、翌7月30日、お言葉の意味をお聞きすることに。

再び、あいうえおでお聞きしてみると、「こみわれて」「ぬーらみめゆろ」「たりすそちわたなよる」「ぬむみやみ」「めむらろむり」が出ました。5文字、7文字、10文字、5文字、6文字の33文字で日本由来の昔の言葉なのだとか。ここまでお聞きしても、何も理解できません。インターネットで調べてみると、かたかむな文字の研究者が解説している「か

め	ぬ	た	ぬ	こ
10 め 指向 思考・芽	39 ぬ 突き抜く 貫く	26 た 分れる	39 ぬ 貫く	16 ⑨ こ 転がり 入・出
13 ⑥ む 広がり	13 ⑥ む 広がり	8 り 離れる	｜	3 ③ み 実態
31 ら 場	3 ⑧ み 実態	21 す 1方へ 進む	31 ③ ら 場	7 わ 調和
34 ろ 空間	15 ⑧ や 飽和する	30 そ 外れる	3 み 実態	24 れ 消失する
13 ⑥ む 広がり	3 ③ み 実態	27 ち 凝縮	10 め 指向 思考 芽	9 て 発信 放射
8 り 離れる		7 わ 調和	37 ゆ 湧き出る	
		26 た 分れる		
		14 ⑦ な 核	34 ろ 空間	
		4 ④ よ 新しい 陽		
		12 る 留まる 止まる		

たかむな48音の思念集」というものがあり、神様がおっしゃられた1文字ずつ、その意味を簡単に要約すると「現在行っている考え方を貫き通して、実態を見ながら思考場の広がりの中で進んでいくこと」とのお返事を頂きました。

8月1日になり、この件を神様に確認してみると「それで合っています（233神）」とのお答えでした。もっとたくさんの意味が込められていると思って聞いてみました。

質問…「こぬたぬめのお言葉はどの意味でしたか？」

①「メッセージ（伝言）」
②「今後の道標（道導）」
③「神様からの啓示」
④「その他」

すると、③の「神様からの啓示」とのお答えが返ってきました。

質問…「啓示の最後にある『むり』ですが、現在私がお話ししているようなことが広がったあと、その場、その国の人々が理解されて独立していくというような意味ですか？」

答「そうです」（292神）

こうして、8月1日は啓示が翻訳されて真実が解き明かされた、記念すべき日になりました。私も波動に関しては２０１７年8月1日で17年間勉強してきたことになり、自信はあります。しかし、神様や言葉については何も学んでないので、その場で思い浮かんだ言葉でお聞きしています。表現力や言葉足らずのところばかりですが、そこは読者の皆さんの想像力でお汲み取りいただけたらありがたいと思います。

水星、なんろぬ星、わらやもり星……宇宙霊たちとの対話

宇宙霊との対話の中で、「地球より進化していると思われる星の方はいらっしゃいますか？」とよく宇宙霊に質問をしています。すべての星についてお聞きしていないので断言できませんが、多くの宇宙霊の中で、今のところは水星から来た宇宙霊の方々のみです。

水星は太陽系の惑星のなかで太陽の一番近くにあり、表面の温度は昼間に４５０度まで上がり、夜はマイナス１８０度まで下がります。地球の1年は３６５日ですが、水星では1年がおよそ88日。地球は秒速約29・８キロで太陽のまわりを回りますが、水星は秒速約47・４キロと太陽系の惑星の中で最速だそうです。つまり、到底人が住めそうにないと思えるのですが、それなのに水星が一番進化しているのはおかしいのでは？と思い、神様にお聞きしてみました。すると、こんな事実が判明しました。

答「障害は克服している」

「地球人も行けば住むことができる」
「クレーターの中に住んでいる」
「屋上に駐車場がある」
「クレーターの中は植物も生えている」
「海もあり、海洋生物もいる」
「今後、地球に登場するのと同じ電力が利用されている」
「戦争はない」
「なぜ戦争がないか、地球も見習うべきです」
「体格は地球人より小さい」
「顔、目、鼻、口、耳、手足もある」
「水星人には強欲がない」
「神様を信じている」
「移動する乗り物は自動化されていて、事故がない仕組みになっている」
「地球とは違う食生活」
「卵や乳製品は食べている」
「子供は男女が結婚して出来る」

「建物は温度が克服されている物質で出来ている」

「病院はあるが、大本の原因（見えない世界）解明までには至っていない」

また、その日来られた水星霊に、神様に聞きそびれた事柄を聞いてみました。

答「太陽が直接当たらないクレーターの中で住んでいる」

「日本列島くらいの大きなクレーターがいっぱい存在している」

「クレーターの中では草木も生えている」

「道路はあまり造られていない」

「移動は事故の起きない設計で、ＵＦＯを小型化したような乗り物がある」

「通貨を利用して生活している」

「家はビルも一軒家もあり、好みで決めている」

回答は水星の方のみですが、この日の星の方は、オリオン星、リラ星、ベガ星、ニビル星二人ずつと、アルクトゥルス星5人、そのほか二人、水星3人でした。

神様のお答えを裏づけると同時に、補足情報も聞けて疑問がぬぐえました。そのあと、来られた方が20人と多い日があったので、それぞれの星の名前を聞いてみました。あいうえおで聞くので時間がかかるのですが、ご本人に聞くのが一番確実です。このときの20人のうち、17人の方が「なんろぬ星」という星の出身で、星の生活ぶりを話してくれました。

答「地球より進化していない」

「空気、水、草木はある」

「川はあって魚がいて、食べている」

「植物はその星に生えているものを食べている」

「人間より小さく、似ていない」

「何も身に着けていない」

「通貨は使っていない」

「学校、病院もない」

「ビルも建っていない」

「死者のお供えもしない」

質問…「皆さんは、どうして地球に来られたのですか？」

答「地球が天国に見えた」（17名全員）

翌日8月31日もほかの15人の宇宙霊が来られたので、昨日に続いて星の名前をお聞きしてみました。そのうちの14人の方が「わらやもろり星」という星の出身で、「どうして地球に来られたのですか？」の質問には、全員が「地球がとても美しく輝いていたから！」とのお答えでした。わらやもろり星の生活ぶりも聞きました。

答「地球より進化していない」

「水、空気、植物はある」

「山、川はない」

「農業はやっていない」

「海がある」

「漁業があり、魚を獲っている」

「通信機器はない」

「電気は使っている」

翌々日9月2日は、わらやもろり星出身者がまた15名が来たので、知らないふりをして再度お聞きしてみました。すると、前日とまったく同じ回答で、新たにこんなお話が聞けました。

答「動物はいない」

「病院はある」

「学校はない」

「土地区分されていて、住所、氏名がわかる」

最後に食事を出すと、漁業がある所だからなのか、全員魚を食べて星に帰っていかれました。2～3日後、今度はほかの星の方が多かったので、また星の名前をお聞きしました。10人の中で9人が同じ「ん」から始まる変わった名前でした。9文字「んらやゑられろゆゑ」という星です。

答「地球より遅れている」
「電気は使用されていない」
「海はある」
「山川はない」
「動物はいる」
「手、足、頭、耳、口、鼻あり」
「住まいは岩の割れ目とか、洞窟を利用している」
「類人猿と呼ばれている」
「地球は天国に見えたのできた」

北朝鮮や台風18号が一段落した頃、しばらくためてあった霊魂との対話を始めたところ、再び「んらやゑられろゆゑ星」が13人登場。聞きそびれたことをお聞きして得た情報です。

答「全身毛が生えている」

「男女で結婚して子供が出来る」

「一夫一妻」

「神様の存在が理解できる」

これら宇宙霊の方々は全員と言っていいくらい、人間の血液の中から出てこられた方々です。それらの方々にいつもお話しさせていただくのは、こんなことです。

「現在、おそらく何百億人という霊が外に出たいと血液の中を右往左往して、『出して！』と少し前の皆さんと同じように叫んでおられると思います。でも、数が多過ぎて助けてあげられません。そんななかで外に出られた皆さんは、数少ない幸運に恵まれた方々です。お金がどれだけあっても、自由がない地獄にいたら使えません。血液から出られるのは神様の御光のみです。

痛い、つらい、痒いなどの病気も癒やしていただけて、今日は人生最高の幸せをいただけた日です」

それから、このような項目を書いてご自分の気持ちを選んでもらいます。
①「真っ暗なところから出られたのがうれしい」
②「自由になれたのがうれしい」
③「話が聞けて原因がわかったのがうれしい」

④「故郷に帰れるのがうれしい」
⑤「病気が治るのがうれしい」
⑥「全部うれしいので選べない」

すると、全員が⑥番を選びました。地獄を体験されると苦しみがよくわかるので、とても素直でかわいい皆さんばかりです。それに比べて人間はどうでしょうか。苦しいときの神頼みはしても、聞く耳を持たず、これでは世界は悪くなるばかり。せめて、千人に一人、百人に一人くらいは理解してくださる方がおられることを願って、その方々とともにこれからの世界を神様とともに歩んでいきたいと思っています。

わが家に来られ、対話して故郷に帰られた魂の皆さんも同じ気持ちでがんばっています。土星、オリオン星、北斗七星、シリウス星、アルクトゥルス星の方々とも対話しています。星の多くは山も川もないところが多く、進化していないところがほとんどです。動物は多くの星にいて、乳はいただくものの、一緒に生活している動物を殺して食べるような残忍な行為はとてもできず、地球の動物を哀れに思うとのお話がありました。地球人も早く、このような愛のある心を取りもどしてほしいと、つくづく感じます。

エンゼルとの対話

３６００倍率の血液の中を測定するようになってから、面白い形の血液はないかと探していたところ、私の血液写真の１枚に変わった形がありました。

横向きの人間のような形で、羽のようなものが見えました。胸にはハートの形、額には冠らしきものがあります。波動で測定すると、男性でも女性でもない波動の高い方でした。姿から見るとまさにエンゼル。孫に見たままの姿を書いてもらい、色を塗ってもらいました。

驚くことに、エンゼルとの対話もできました。ほかの方の血液の中、お花畑、地上に大勢おられて、食事はせず、「気」をいただいておられることがわかりました。

その頃、ちょうどテレビで世界の小人特集があったので写真撮りをしたら、やはり男性でも女性でもない神様波動の存在が額にありました。そこで、映像を写真撮りしてからお呼びしてみると、やはりエンゼルで「人間になりたいために生まれてきた」というお答えが返ってきました。

顔や羽のあるエンゼルとして生きている場合もあれば、亡くなって魂となり、球体になっておられる霊魂の場合もあるとか。また、まれに人間に生まれ変わるエンゼルもおられるそうです。

テレビに紹介されたのは人間に生まれ変わったエンゼルでした。「優しくてかわいくて仕方がない」と全員の家族が言っておられたのは納得できます。その後、米良美一さんが妖精役で俳優デビューされるとの話題を目にしました。米良さんの額を測定すると、男性でも女性でもない神様と同じ波動の方がおられました。小柄な感じといい、優しい性格といい、まさしくエンゼル役そのもので、エンゼルが見える方に選ばれたのかもしれないと思ったものです。

動物霊たちとの対話

目には見えない神様や、霊魂たちと対話する中で、動物との対話もできるのでは?と思って最初に話してみたのがわが家の2匹の猫たちでした。100歳猫が亡くなった手記を読んで聞いてもらったとき2匹の猫も大変良かった!という答えだったので、本当に言葉がわかるのか?と信じられませんでしたけれど、後で神様や猫たちに聞いてみてもわかる!という答えでした。

ある日猫たちに散歩行きたいか?と聞くとムサシは行きたい!という答え、サスケは行きたくない、それより話がしたいと言ってきました。そうなの……いろいろ質問するからムサシも一緒に答えてね！ここの家に飼われて幸せだった？白サギを食べたのか？後悔していないか？飲み水の中に悪いのが入っていること、わかっていたの？といった、いろいろな質問をしました。二人の質問の時は二人で、自分の質問の時はおのおので答えてくれました。最後にこんな質問をしました。今度生まれてくるとしたら、①同じ動物がよい。②今度は人間がよい。③自分の意思では決められない。

①〜③から選んでもらうと、③の答えが返ってきました。ああそうなんだ、猫でもこのけなげな言葉が返ってくる！感極まりました。

会員の中にも、犬に憑かれてつらい思いをされている女性がおられるので、その犬にも訳を聞いてみることにしました。それは事故が原因だったそうです。痺れとパニックの病気を持っていた雌犬に出てきてもらいました。昨日昇天させたところでしたが、再度呼び戻したのでその間どこに行っていましたか？の問いに、元の飼い主の家へ行ったけれど会えなかった。生前とてもかわいがってくれたそうです。

次に、彼女は乗り物で右回りになるとパニックになってしまい、乗り物に乗ることができず、そんなパニックの雌犬にも憑かれていたのでその犬も呼んで見ることにしました。1年前にお空に昇天させた霊でしたが、呼び戻すことができたので聞いてみました。1年間どう過ごしていたの？の問いに、他の魂といたり、憑いていた人の家に行き、残っている魂に会いに行ったりしていた。水は外で飲んでいた。やはり右に回るとパニックになったそうで、それは食べた食事からその病気になったとのことでした。その後２匹にチーズと水をあげて外に放ちました。

彼女には、まだ他にも飲んだタバコからきた腎臓結石の犬（オス）と手足冷感で膀胱が悪かった犬（オス）もいました。それも出てきた時、訳を聞いてみることにしました。２匹共やっと出口が見つかった。外に出たくても出れなかった。結石の犬はタバコについていて吸い込まれて身体の中に入ってしまった。そのタバコは中国製で、犬も中国に住んでいて病気で亡くなったとのことでした。

また次に孫が来たとき今食べたばかりなのにお菓子をねだるので、何か憑いているんじゃないの？と測定すると、猪が出てきていました。

熊のオス、メス、猪のオス、メスがよく出てくる孫です。どうして憑いているか聞いてみようか？と母親の承諾も得て聞いてみることにしました。孫の祖父が猟師みたいなことをやっていて熊も猪も獲っているので、その事実も確認したかったところでした。いろいろ話を聞いていく中で、①母乳の中に入っていた。②元は母親が飲んだ外国産の飲み物の中にいた。③中国の山にいて病気で亡くなった。ということでした。お腹も空いているというので、煮魚とお水をあげてお外に行ってもらいました。

後日また孫が来た時見ると珍しく鳥がいたので、鳥でも聞くとわかるのかな？聞いてみることにしました。殺されて肉にされた鳥さんで、人間に怒りを覚えている！とのこと。私も何も言えず「ごめんね、つらかったね、ごめんね～」「お腹空いているね、ご飯あげるからね」と言ってお米とご飯と水を用意したらご飯食べてお水を飲みましたので、その確認をしてから、今日は天気が良いから皆と遊んでおいで、と言って外に放ちました。

そして、いつも出てくる熊と話してみたかった私は、1年前に浄化した熊の写真があったのでその熊を呼んで聞いてみることにしました。その熊は、小熊の女の子でした。1年近くたっているのでその間どこにいましたか？の質問に、母とも仲間とも誰とも会えず一人寂しく漂っていたとのこと。母親は人間が仕掛けたわなにつかまって連れていかれた。まだ小さかったので自分で食料を探すことはできなかった。そして亡くなったとのこと。聞くと孫の祖父達がこの手法で熊を獲っているとのことなので、母親はこれで捕まり殺されたのでしょう！とても哀れでなりませんでした。お腹空いていると言うので、ジャガイモと鮭とご飯と水をあげたら、ご飯を食べて水を飲みました。そして私は、「木がいっぱい生えている山に行くと、そこには木の実がなっていて水もいっぱいあるからね、木がいっぱいある山に行くんだよ」と言って戸を開けると出ていきました。あまりにもかわいそうなので、せめて母熊と合わせてあげて、親子で山の中で暮らしてもらいたいと思いました。

どの子もどの子もかわいそうで涙が出てきます。すべて人間の自己欲から、そこには何の愛情も感じられない、弱いものをねじ伏せている人間の姿でした。

昔は、山も自然界が上手に成り立っていました。しかし現在は、人間の開発により多くの森がなくなってきています。そこを追われた動物たちは、仕方なく食料を求めて里に下りてきています。そこで、自分たちの非もわからず里に来て畑を荒らすと言って捕獲したり、揚げ句には殺したりしています。私は、そんなことに時間や費用を掛けるなら、その分、山に動物たちの餌になる木をたくさん植えてあげてほしいと思います。それが、共に生存する一番の方法のように思います。人間には、才能も力も、思いやりもあるはずです。罪もない動物たちを守ってくださる心を持ってほしいとつくづく思います。

※後日談があります。

小熊が2月10日に来たとき、とても哀れで母親に合わせてあげたいと思っていました。2月26日に孫が来たときのこと、母乳から孫の血液に入ってしまったという心臓病の霊が出てきました。それは、対話させていただきましたが、次に出てきたのが熊でした。対話して話を聞いてみると、孫の祖父の仕掛けで捕まって殺されてしまった母親でした。「餌もとれない子供がいたので心残りがありとてもつらかった」とのことでした。波動で母の心を見るとヒステリー、心配、不安と出ました。子供は寂しいと出ました。霊魂になっても亡くなった時の思いがそのままずっと残っていました。とても哀れでなりませんでした。小熊が以前に来たときの対話の波動が残してあったので、それで呼ぶことにしました。1分もしないうちに子供が来ました。お互いに母と子ということがわかったみたいで「ずっと会いたかった、やっと会えてとってもうれしい」と2匹の言葉でした。「良かったね！二人が会えて私も涙が出るほどうれしいです。後は今からご飯を用意するからお腹いっぱい食べてから二人で山に行って仲良く暮らしてほしいと思います」と私が言ったら、「ありがとうございます。そうします」で対話を終えました。2匹ともご飯を食べて水を飲み、ドアを開けると、母親の後ろにぴったりくっついていく小熊の姿が確認できました。かわいそうな熊親子でしたけれど、親子対面をしてあげられたことがせめてもの償いでした。

その後、私はうれしくて皆にこの話をしていました。

2月28日のこと、私の頭の上から動物が出てきたので、対話してみると猪の女性でどこから来たの?と聞くと、孫に憑いていてわが家に来たとき孫から出してもらえたみたいでした。孫の祖父のわなにかかって殺された猪の母親で、女の子が一人いたとのことでした。詳しく聞いていくと、孫の身体から出てきた時に、私が熊の話をしているのを聞いたとのことでした。子供は、その後病死した後に母親を求めていき、肉になっていた母を見つけ、母の傍らにいたら、孫の母親に一緒に食べられてしまったとのことでしたが、孫が飲んだ母乳で母親だけが吸われてしまい、子供と別れ別れになってしまった。だから、子供は孫の母親の身体の中にいるとのことでした。

「そうだったの！つらかったね、ごめんね！許してね。明日にでも嫁を呼んで会わしてあげるからね。今日はご飯食べてここで休んでね」と言ったら、ご飯を食べて、言われた場所へ行きました。朝見るとお二人の神様が横で見守っていてくださっていました。

次の日、嫁が来たので見ると、一番上に憑いていました。早速、出てもらって「子供さんですか？」と聞くと「はいそうです」母親も「子供です。会えました」私が「一番上にいましたけれど、念でも送りましたか？」と尋ねると「神様が仕組んでくださった」との言葉でした。人間でもなかなか言えない感謝の言葉でした。

子供に「お母さんがいなくなってから自分で餌を探せましたか？」との質問には「自分で頑張って探して食べた」とのことでした。「お母さんと会えて本当に良かったね、食事用意するから仲良く食べて山に帰ってね」と言うと「はい、わかりました。本当にありがとうございました。山に帰ります」。そして、焼き芋を食べ、母親の後ろにぴったりくっついて空の彼方に飛んで行きました。

6月26日（月）のこと。またまた後日談が発生しました。

日曜日に孫が来たとき浄化したら熊の雄が出てきました。熊さんは、心配、不安という波動が出たので気持ちを聞いてあげたいと思って翌日対話しました。熊の話によると自分も殺され、妻も連れていかれた。肉になり食べられて、血液の中には妻もいた。孫が吸った母乳で孫に行き、今やっと外に出れた。自分には、子供もいた、というので、ちょうど4カ月前の熊さん母子の出来事を話すと「それは自分の妻と子供のことです」と言われました。熊さんに今自由になれたからこのまま山に帰られてもよいし、また私が奥さんと子供さんをここへ呼ぶこともできますが、どちらがよいですか？と尋ねると「呼んでほしい」と言われました。

4カ月前の資料で熊さん親子を呼びました。

お父さん「自分の妻と子供でしたか？」「はいそうです。会えました。とてもうれしいです」お母さんと子供さん「おとうさんでしたか？」「はい、そうです。会えると思っていなかったけれど、会えてとってもうれしいです」私には、姿は見えないですが「皆さん幸せの涙でいっぱいですか？」3匹が「こんなにうれしいことはありません。うれし涙でいっぱいです。ありがとうございました」。

熊さん母子のお話だと対面の日から（4カ月間）住んでいた山に戻って仲良く暮らして

いたそうです。そして今日からは、お父さん熊も加わって親子３人で仲良く暮らせることになり、用意したサツマイモを食べて３人仲良く空の彼方に消えていきました。

２０１７年のご先祖様のお正月

私の家のご先祖様は、主人は弟で跡取りではありませんが、野村家の先祖代々の位牌と父と母のお位牌、主人のお位牌を仏壇に安置してあります。また位牌はありませんが主人の兄夫婦も父母に呼ばれたとのことで一緒にいます。１歳で亡くなった子供のもありましたが年数もたったことでお焚きあげして先祖代々の方に入ってもらっていました。現在は、内孫として生まれ変わって位牌にはいませんが、お仏壇にいた時は先祖代々の一番上についていていました。

その後、私の実の父母も兄が亡くなった時に、お墓にいた父、母の魂を浄化したらなぜか自由に動けるようになったようで、いつの間にかわが家に来ていました。わが家の好きなところにいてご飯は居間で食べています。

12月31日の大みそかの朝、野村家の御先祖様にいつものように散歩していただきました。その後また中に入っていただくのがいつもの日課なのですが、夜の食事になっても帰ってきませんでした。そして、居間にいる夫も同じようにいなくなっていました。生前の両親と兄弟なのですから多分一緒に実家に帰ったのでは?と思いました。昨年は全員ここにいましたが、一昨年の正月も両親と兄夫婦がいなくなったことがありました。その時は夫は一人残って雑煮を食べていました。その後いつの間にか皆も仏壇に帰って来ていました。そんなことがあって丸3年目の正月は全員で帰っていったのでした。

しかし6日になっても戻って来ない、どうしたのだろう?帰って来られない何か理由があるなと思いました。夫だけ戻ってきてもらって訳を聞いてみようと思いました。夫を瞬間移動で呼び戻しました。1分もせずに戻ってきました。

そこで、早速いろんな質問をしました。まず一緒に福井へ行ったのか?から始まり向うの様子を聞きました。そこでわかったことは、結婚した一番下の孫(女)が体調がすぐれず家に帰っているので、それが心配でこちらに来られないことがわかりました。気がかりなことがあるなら呼んでも仕方ないので、しばらく様子をみることにしました。その夜から仏壇の食事は、食べる人がいないので用意しなくても済みました。お食事の用意もたくさん過ぎて大変なので、1カ所に来てもらって召し上がってもらうことも考えています。

その後、ご先祖様にお聞きしたら、1カ所でよいということになり全員居間に来て食べていただいています。

そして、主人だけ岡崎に戻ってもらってから1週間後、残っている4人のご先祖様のことで主人にどうしたらよいか相談したら呼び戻した方がよい、と言われたので呼び戻しました。その場で皆さんに迷惑だった？とお聞きしたら、どうすることもできないのでこれで良かった！と言われ正月騒動は幕を閉じました。

その後3月中頃からまた野村家4人と主人がいなくなりました。10日ほどたってから主人だけ呼び戻して聞いてみました。兄に誘われて、皆と一緒に実家に行っていたとのことでした。この間の孫がまた入院したということでした。皆のことは自分でテレポーションもできるから、来たい時に来られるし、好きなようにそっと見守っておくことがいいねとの主人の答えでした。私もそう思いました。生きている間中、実家で生活し、子供や孫の面倒を見ながら過ごしたところです。亡くなって魂になったとしても、全然関係のなかった岡崎に来て、散歩してもまわりは誰も知らない人ばかり。食事は毎日食べられたとしても後の時間は寂しい時間。心配しながらでもそばにいたいのですね！それが生きて共に生活してきた証しなのでしょう。他のご先祖様の大部分の方も、子孫の心配を伝えてくることがほとんどです。

人間から菌になった話

ある方が夫の性中枢の悩みを抱えていました。その日夫の写真を持ってきて測定してほしいとのことでした。お額の一番上に、菌で性中枢マイナスのがすぐ出てきたので、それをいったんお塩の中に入れました。1度対話をしてみようと思ったからです。

以前も精巣が痛い霊、それも生きていた時、性中枢がマイナスで婦女暴行をした贖いで精巣がなかなか良くならなかった霊もいました。テレビでもその手のニュースが頻繁に入ってきます。見ると全員といってよいほど、性中枢がマイナスの何かに憑かれていま す。今回もどのようなことなのか聞いてみることにしました。

他の宇宙霊、菌、ウイルスと一緒に対話を始めました。はじめに「皆さんが身体から出られて自由になれたことは、最高の幸せを頂いたのですよ！それは世界中何百億人もの霊も先ほどまでの皆さんと同じような地獄の苦しみを味わっておられると思いますが、誰も外に出られず、もがき苦しんでおられるのです。皆さんは、その中で選ばれた幸運な方なのですよ。それは、神様の御光によってできたことで、世界中どこへ行ってもできないのです。私は神様よりその力を頂いているので皆さんを自由にさせていただき、なおかつ楽にもしてあげることもできます。その上会話もできます。この紙の上に①とても楽になった②地獄より天国に来た気分③まだつらいです、の三つの選択肢を書きましたので自分の身体の状態の上に載ってください」と言ったところ、宇宙霊3霊とウイルスが「まだつらいです」と言ってきました。まだ菌と宇宙霊1霊が返事してこなかったので「まだこちらに来られていない方がおられますけれど、ここに来ていただかないと治してあげることもできないし、今お楽な方はより以上にお楽にしてあげることもできますから」また、「先ほど来られなかった方にもう1度チャンスをあげるので来てください」と言ったら、返事がなかった二人も来ました。そこで、全員の波動を上げながら、特に菌さんとの対話をしていきました。

質問…「菌さんは性中枢がマイナスです。性のことで我慢できなくなってくるのは？」

答「事実です」

質問…「菌になる前は？」

答「人間」

質問…「人間だったということは？」

答「生前、女性を性的暴行した」

質問…「人間だった時の国は？」

答「宇宙の星」

ということでお聞きしていき、わかってきたことは、宇宙霊で生前、女性を暴行したが、発覚せずに亡くなり死後の世界へ行ったら人間から菌に格下げされていた。それでも、生前の性中枢の病気が治っていなくて、本性が出てしまっていたとのことでした。「あなたが憑いていた男性はここへ来るのをとても嫌がっていたのですが、あなたがここに来ると神の光がつらくて拒んだのですか？」の質問には「怖かったので拒みました」と正直に言ってくれました。全員浄化しながらお話ししていたので、最後に「皆さんお体の方は元気になりましたか？皆さんは菌さんの体験もお聞きして、生きていた時の生き様が死後何百年の生活に関わってくるということをお勉強できて良かったですね。今後はこの事実を多くの方にお伝えしていくことが皆さんの使命ですよ、頑張ってくださいね」と言ってよくわかりました！のサインを頂きました。その後食事を用意してから「皆さんお食事が出来たから皆さんで食べてくださいね」と言った5分後、「皆食べてくれたかな？」といってみると菌さんだけ食べていませんでした。「菌さんも食べてくださいね」と促したら宇宙霊さんと同じカニカマを食べました。多くの菌、ウイルスさんは、遠慮されて食べてないことが多いので、「菌さんもウイルスさんも食べてないけれど遠慮しなくて食べてくださいね！」って一言言うと、ちゃんと食べてくれます。とても遠慮深い方たちです。また大勢の霊を毎日のように旅立たせていますが、私が「じゃ、皆さんお話ししたことを守って頑張ってきてくださいね！」と言ってドアの所へ行くと、全員の方が横一列にきれいに並んでドアを開けると一斉に出ていってくれます。「みんな頑張ってきてね～」と言って写真を撮ります。ドアを閉めて、いつもいい子たちばかりだね！と独り言を言いながら、撮った写真で全員旅立ったかの確認をします。それを見てまたいい子たちばかりだね！の独り言がついついい出てきてしまいます。

第4章　死後の世界

42年後に生まれてきたわが子！

私の長男は、１歳１カ月で天国へ旅立ちました。

そのことは以前出版した本にも書いてありますが、あれから42年たちました。長男の死の原因が解明できたきっかけともなった動物霊が、長男の足元から入ろうとしている１枚の写真のおかげもあって、日々解明と確信を追い求めてきた42年でした。その努力も実を結んで、この本に掲げた数多くの真実を世界の皆さんに発信することができます。今から述べることは、世界初の不思議な真実のお話です。

長男の死後２年後に生まれた次男も数多くの苦難の道を経て、親戚関係でもある女性と結婚に至りました。女性は私が何回も測定したこともあって、波動を信じている方だったので、私の推薦もあり、順調に結婚となりました。

嫁は別居がよいというので別々に暮らすことになりましたが、私は心配の種がありました。以前測定の度に脳梗塞や子宮の悪いのが憑いていたことを知っているだけに、ちゃんと自分たちで浄化できるのだろうか？と。心配は当たり、毎日のように体調がすぐれないようで、我慢の限界になると助けを求めてきました。

その都度、原因を取り除いて元気にはなってくれましたが、妊娠中に３６００倍に見える血液検査に行ったところ、長年難病を患ってきた50代～60代の女性たちと一緒に行ったのに、若い嫁の血液の方がギザギザやひずみのものが多く、とても悪かったのです。その血液の中を測定したら、いつも体調が悪くなると出てきているもので溢れていました。

そんなある日、今度はご飯が食べられないと言ってきたので見ると、本当に胃の悪い宇宙霊が憑いていました。あわてて取り除くと5分もしないうちにもう食べられる！と言って食べ出し、治るのも早いです。

私の波動を信じて、自分の悪い時や、胎児のエコー写真もその都度持って来てくれていましたので、当時の光カードで浄化していました。

それまでは、男の子の胎児の魂がここにあるとだけ見ていました。しかし、ある時胎児を詳しく見てみると、何と何と、1歳1カ月で亡くなった長男の波動があることがわかったのでした。ええ！幼く苦しんで亡くなったあの子が生まれ変わってくる、何回も何回も見直しましたが、何回やっても麻疹、肺炎、ウサギと出てくる男の子の魂でした。

長男は、麻疹、肺炎のウサギが右足から入ってきて、右肺に水がたまり右肺を麻酔なしで切開し、管を突っ込んで水をぽたぽた出していたのです。そんな聞くも恐ろしいやり方で息ができなくなって亡くなったのです。今から思えば、最後のつらい息の中、私をじっと見つめながら〝ガクッ〟と首が落ちて旅立ったのでした。僕の役目は果たしたから、後はお母さん頼んだよ！と言いたかったのでしょうか……。あの時の目を今でも忘れることができません。

私が霊の実在を測定できるようになってから、仏壇の位牌を見てみると先祖代々の一番上にいつも長男が乗っかっていました。2014年8月に位牌を見ると長男だけいなくなっていました。どこに行ってしまったのだろう？と思っていたらその年の11月に妊娠した嫁のお腹にいた事実が後で判明したのでした。もしそういうことだったら8月から11月までどこにいたんだろう？と考えたところ、思い当たることがありました。

次男と嫁の測定をしていたところ、次男に男の守護霊がついていると言うと、嫁が私も欲しいなと言ったら、次男が「はい」と言って嫁の方に手を差し延べたら本当にその守

た。

それで、そのことを思い出しその間の二人の写真を出してもらって測定したら、長男霊が嫁にも次男にもついていたことが判明しました。8月16日嫁が家にいる時についていて、その日の3時間後、次男が遠くに山登りに行って山頂で写した写真にもついていました。10月18日の写真にも二人についていました。このことから、位牌から離れ、二人の守護霊となった後、11月に嫁のお腹に入った事実が確認できました。

その後、亡くなった主人もお仏壇にいたので主人と会話した時に、あなたが直由（長男）の背中を押したの？と聞いたら〝自分の意思で行った〟と教えてくれました。

8月1日が命日でしたので、もしかしたら同じ日に生まれてくるのかな？と思いましたが、逆子になってしまい、帝王切開でしたので病院の手術日の7月30日が誕生日になりました。亡くなった長男と顔も似ていましたし、特徴ある笑い方も不思議と同じでした。

3カ月目くらいから身体をそりくり返るほどの号泣が始まりました。その都度原因を見ると骨折、子宮がん、耳器官の痛みと出ました。痛みマイナスが特に目、耳、頭に出てくるのです。骨折の痛みや癌の痛みや耳の痛みなんて大人だって我慢できない、それがまた痛そうなところに出てくるのですから、真っ赤な顔で号泣して、浄化できるまでワンワン泣きなのです。かわいそうなので一刻も早く取り除いてやらなければと、こちらも生きた心地もないほどでした。毎日毎日そんな状態が続きました。その当時、原因がどこにあるのか居所を見つけてからそこの写真を撮って浄化するのですから、とても時間がかかっていました。目を開けて写真を撮っていたので、泣くと目を固く閉じてしまうので浄化だけで2時間もかかってしまったということを嫁から聞きました。目を開けなくてもまぶたの上からでも浄化できるようにしなければと思い光カードを進化させました。孫の苦しみを早く取り除いてやらなければ！と後押しされて、どんどん光カードを開発せねばなりませんでした。

4カ月くらいは、そんな状態が続きましたが、ありがたいことに激痛が治まってきました。その後もまだまだいっぱい出てきますが、痛いのはほとんどなくなって来ているようでした。

痛いのも、その後出てきているのも嫁が持っていた遺伝と、一部ミルクに入っていたものでした。母乳を調べたことがありますが、その中にたくさんの原因が入っていました。母乳も光カードで浄化してからとやっていましたが、その当時の光カードでは、まだすべてのものの浄化までの域に達していなかったようでした。母親として皆が飲ませている母乳を飲ませたくて、止めた方がよいと言う私とけんかにもなりました。昔の私ならミルクは駄目と言うでしょうが、今は母乳の中が見えてしまうのですから、どうしても止めてもらいたいのですが、世間一般ではわかっていないのですから困ってしまいます。

その分、嫁も孫もますます地獄に足を踏み入れていきました。その後ようやく言うことを聞いてくれましたが、死ぬ時もあれだけ苦しみ、生まれてきても死ぬ以上の苦しみを味わい、よくぞこんな残酷な試練のところへ生まれてきた孫の強さに感服しかありません。

長男は、観音様がついていました。また孫として生まれて来て同じ観音様がお腹の中にいる時からついていました。神様がついておられるからといって、楽な人生ではないのです。それぞれの使命のもとにお役目を果たしているのだそうです。孫は、そういうつらい使命を自ら選んでこられた、誰にもまねのできない精神の持ち主だったのでしょう。私たちは、その報いに答えられるように頑張らなければならないと思います。

また、孫がちょうど1歳1カ月近くになった時、熱もあり体調がすぐれないと言ってきました。見ると長男が亡くなったと同じ症状で、肺炎、麻疹、ウサギの霊が来ていました。1歳1カ月といい、症状といい、肺炎、麻疹という病名まで、同じウサギなのでした。本当に不思議なことが起こりましたが、42年前はそれで死なせてしまったけれど、今世では助けることができたのでした。

42年間私の後悔したこと（長男を助けることができなかったこと）、また私の夢だったこと（せめて長男の死後の苦しみを取り除くこと）が長年つちかってきた方法で助けることができたのでした。ありがたく感謝するしかありませんでした。病院に掛かっていたらまた死なせていたかもしれません。何せ霊が憑いて起こっている症状です。現代医学は、霊の存在を否定している限り原因はいつまでたってもわからないので、助かることは不可能でしょう。

そして今は、以前強過ぎて浄化できなかった動物がたくさん出てきます。熊のオスとメス、猪のオスとメス、この動物は、孫のお祖父ちゃんが猟師をやっていて熊も猪も獲って食べているのです。嫁も食べていたそうで、そんなところから遺伝的にもらってしまったのかもしれません。他に犬も豚も出てきているので、しっかり浄化してやらないと、次男の1頭の熊でも、子供の頃の人生台無しだったこともありますし、他のたくさんの方の例でも、1匹、1頭で苦しんでいることを思うと孫はあまりにも多過ぎるので、気を引き締めて浄化していかなくてはと思います。

※神様にこの手記を読んで聞いていただいた時のこと、胸の中からこみ上げてくるものがあり、涙が後から後から溢れてきて、何回も鼻水をかみながら、やっとのことで読み終えました。私も悲しかった出来事だけど、違和感をおぼえたのでお聞きしてみました。「誰か涙してくださった方がおられましたか？」と。私に幼少からついてくださっておられた

お二人の観音様が「そうです」と言われました。私についてくださっておられた神様は、その出来事の一部始終を一緒に歩んでくださった方です。すべてをご存知なので、一緒に涙せずにはおられなかったのでしょう！共に喜びも悲しみも歩んでくださり誰よりも強い絆で結ばれていたことがわかったありがたい涙の出来事でした。

愛猫ムサシの死で魂を研究

わが家のかわいい猫のムサシが２０１５年12月29日に亡くなりました。しっぽはリスのようにふさふさ、顔も女の子のように優しくて、私の口から出てくるのは〝いつもかわいいね！かわいいね！〟の言葉しかありませんでした。

そんなムサシが12月５日頃からご飯を食べなくなってきました。測定するとヘルペスウイルス痛みが出てきました。これが原因かと除去するも食欲がありません。翌々日家の東側に出てみたら大きな白い鳥の毛が散乱していました。これはもしかしてムサシが食べたのでは？と胸騒ぎが起こりました。ムサシは元野良猫の子供で、小さい時から外が好きで鳥やねずみを獲って食べていました。最初のころは、人のいない部屋に持ち込んで食べたらしく、鳥の毛が散乱していて叱るので、どんどん見つからないところで隠れて食べるようになっていました。私たちも、猫の本能だからどうしようもないねと諦めていました。

散乱していた鳥の毛の写真を撮り測定すると、ヘルペスウイルスが出てきました。ムサシにいたのと同じウイルスです。そこで考えられたのは、ムサシがよく出かけて行く田んぼに、1羽の白サギを見かけることがありました。羽は白くて大きいし、その後白サギはいなくなってしまいました。そんなことからムサシが食べて、体調が悪くなってきたこととのつじつまが合ってきました。そして、鳥の毛が散乱していたところには、白サギの口ばしも、あの長い足も残っていなかったのです。全部食べてしまった！ということで体調が悪くなるのは当然だったかもしれません。

その後、病院へ連れていき、鳥の足等が詰まっているのでは？とエックス線を撮ってもそれは見当りませんでしたが、嘔吐が激しく、腹水がたまったりして、どんどん悪くなっていきました。食事も取れないまま年末を迎えました。29日は病院も年内最終日で、最後までできるだけの努力はしましたし、回復の見込みもないとみて、ちょうど冬休みで家に来ていた中学1年の孫娘と一緒に病院へ行き安楽死をお願いしました。

箱に入れて帰ってきたムサシに好きだった刺し身と水を入れて私たちの近くに置きました。2時間ほどたったころキュンキュンとムサシのいるところから泣き声が聞こえてきました。孫も立ち上がって「ムサシが鳴いたね！」と二人で顔を見合わせて、どこで鳴いているのだろう？

「どこにいるか写真撮ってみるね」と言って写真撮ってみると箱より1メートル60センチくらい上のところにいました。「霊体が抜けて上に行ったね、抜ける時つらくて鳴いたんだね」と孫と話し合いました。

翌日の朝、外で浄化してやろうと思っていましたが、吐き気マイナスのまま一晩置くのはかわいそうだと思い、その晩居間で浄化してやりました。するとムサシのマイナスだった吐き気などがすべてプラスに変わりました。それと同時にムサシが食べたものまでが、マイナス波動からプラス波動に変わっていました。ということは、吐き気もなくなったということになります。それが証拠にマイナスの時は食べられなかったものも食べてくれるようになり、食事を置くと必ず食べてくれるようになりました。その後そんなことから実験を試みることにしました。

刺し身が好きだったムサシは、刺し身の匂いにつられ台所に来ました。

生前と同じように、「お座り！」と言うと、もう1匹のサスケの後ろに座りました。生前も先輩のサスケを立てて、そのようにしていました。そこで刺し身をあげて「ムーちゃんも食べなさい」と言って別の容器に入れて近くに置いてあげるとちゃんと食べていました。それらは写真を撮るといた場所、食べた後に、吐き気、猫、オスという波動が出るのでわかります。

また、このようなこともありました。猫じゃらしをやってみると、生前と同じように追いかけてくるのがわかりました。

また、外に出たがり、いつもムサシの日向ぼっこのために置いてあった布団の上で同じように日向ぼっこもしていました。

そして、生前夜はいつも外へお迎えに行って家の中に入れて寝ることにしていた私は、亡くなって1年近くたちますが、毎日朝散歩に出して、夜家の中に入れてから寝ることにしています。ご飯と水も毎日あげていますし、食べてくれています。1日でもいなかったり、食べてくれないと心配になると思いますが、そんな時は探して歩くかもしれませんね。夜遅くなってお迎えに行った時など、玄関で待っていてくれたりすると、「ムーちゃん、ごめんね。ムーちゃんはいつまでたってもかわいいね！」と独り言が出ます。いとおしくて仕方がありません。ムサシのおかげで現界と霊界が同じで、現界の写し世が霊界なんだと、体験を通して学ぶことができ、ムサシ君様様のいまだにかわいくて仕方ない猫です。

キツネさんに憑かれてしまった人たち

2016年3月13日は、長年続けている波動会場の日でした。

来場者の中の一人が最近気分がすぐれないので、何が原因なのか？測定してほしいと言われました。胸が一番苦しいと言われるので、そこを写真撮りしたところ霊障でした。詳しく測定していくと、動物霊と出たので、さらに詳しく見てみるとキツネさんと出ました。そのことを告げると、先日友達とお参りに行って、さらに〇〇稲荷まで足を延ばしたら門をくぐった途端つまずいて口の中を切ってしまい、口腔外科で3針も縫う破目になってしまったとのこと。さらにその日、買ったばかりのおしゃれなブーツをはいていったのにと言われるので、それってキツネさんにとったらどういう気持ちになるのかね？と問いかけると、隣にいた方がやきもちを焼いたんじゃない？と言われたので、即座に焼きもちのコード番号を入れてみるとズバリ的中してしまいました。

結局、キツネさんは、吐き気、怒り、やきもちがマイナスの性格を持っていて、そのキツネに憑かれたことによって同じ症状が現れてしまったのでした。その胸のキツネさんの除去は、キツネさんが写っている胸のカメラの上に光カードを3分載せるだけで浄化され天国に行ってくださり、それと同時に胸の吐き気もなくなりました。

そんなことが治まったころ、遅れてきた方に「なーに遅いじゃないの？」と言うと、「もっと早く来られるはずだったんだけど、何回も来ている道なのに同じ所を何回もぐるぐる回ってやっと来られたのよ！何だかキツネにつままれたみたいだった！」と言われたので、「今もキツネさん騒動で大賑わいだったんよ〜」。皆で大笑いでした。

「あなたもキツネさんに憑かれたのでないの？」ということで、眉間の写真を撮ると、いました！いました！「やっぱりそうだよ〜〜」

彼女に「いつからそんな状態になったの？」と聞くと、そんな気配はなかったけど、ここへ来る途中で知り合いの家に寄ってから来たと言われるので、その知り合いのところでもらってきたかもしれないから、その人の写真か何かない？と問いましたが、何もないと言われ、調べる術がないね〜残念！彼女が言うにはその知り合いは、気管支が悪い人だと言われ、彼女も咳を連発しているので、出てきたキツネを詳しく調べることにしました。そしたら、そのキツネさんは、気管支喘息《ぜんそく》を持っていることがわかりました。彼女が、知り合いの家に寄った時に、彼女に憑いてきてしまったようで、道中も馬鹿され、気管支も悪くなってしまったのでした。そこで、光カードで浄化し、天国に行っていただきました。その日の会場は、キツネさん騒動で、爆笑、楽しい会場で締めくくることができました。

ご先祖様の日常や会話

愛猫が生前同様、姿は見えないけれど、私たちと同じように同じ次元で生活している事実が手に取るようにわかるようになってから、もしかしたらご先祖様も散歩などしたいのでは？と思って、ちょうど家の裏に紫のラベンダーが見事に咲き誇っていましたので、仏壇に近いこともあって窓を開けて皆さんラベンダーがきれいに咲いているので見に行きませんか？と言って窓を開けました。その後写真を撮ってみると全員の方が花のところにいるではありませんか！そのまま窓を開けたままにしておいて、全員戻ってきているかどうか確認してから窓を閉めました。その事実がわかってくると、次の日も次の日も……散歩させてあげたくなってしばらく続けました。

そこで、いろいろ観察させていただいたところ、早く帰ってくるのは、義理の父と母、二人は仲良くて散歩でもいつも一緒にいます。後義理の兄、姉ですが、姉は一人離れて孤立している感じですが、兄が遠くから見守っているのが感じ取れます。仏壇には、現在野村家４人の方がおられます。

また、現在居間には私の方の父、母、夫がいます。しかし、以前には、42年前に１歳１カ月で亡くなった長男や他のご先祖様？主人も座敷の仏壇、位牌にいました。亡くなった長男は、２０１５年７月30日に私の次男の子供、私の内孫として生まれてきたのでいなくなり、主人もいつか位牌から離れ、私の頭に憑いていていましたが、今は居間にいて、毎日私があげている食事を食べています。その他、父と母も、兄のお骨収めのときお墓にいた父と母の浄化をしましたら、それから自由に動けるようになって、現在は、野村家のあちこち好きなところにいて、食事時は居間に来て食べています。

いろいろな事実が解明できてきた5月のはじめ、ご先祖様とお話ができるのでは?と思いました。霊の波動が写真を撮ればわかるのだからいろいろ質問して「ハイかイイエ」で聞いてみたらよいのではなかろうか?と……。

早速実験しました。真ん中に質問を書いて右にハイ、左にイイエと書いて聞いてみました。そしたら本当に先祖七人全員の方がお答えしてくださいました。なぜここに来るようになったのか?仏壇は居心地が良いのか?お食事に不満はないのか?暑さ寒さは感じるのか?また生まれ変わりたいか?……等どのような質問にもお答えしてくださいました。そして、ご先祖様一人一人胃がんで亡くなったとか、膵がんで亡くなったとか皆さん自分自分の波動を持っていますので、誰が答えてくれたのかわかります。その対話は、全部写真撮りをしてあるので、波動機が扱える方なら、誰でも確認できます。

その中で、一番印象に残った例をお話しさせていただきます。

野村家のご先祖様にお伺いしたお話の中で、「毎日お食事を食べていただいていますが、味とか特に分量とかそれで足りていますか?」とお聞きしたところ、義理の母と姉はハイという答えでしたが、義理の父と兄はイイエでした。

それで、次にお食事の回答でイイエと答えた方、またハイと答えた方でも少しでも気持ちがあれば教えてください。「①味が悪い②もっとおいしいものが……③量が少ない④タバコが飲みたい⑤その他」の質問をしましたら、義理の父と兄が⑤その他の答えでした。その他って何だろう???その二日後いつも一人で食べていた義理の姉が他の3人と一緒に同じお皿で食べるようになっていました。

そんなことになってから、お食事の回答でその他と答えた方に再度お聞きしました。「①漬物が食べたい②福井の魚が食べたい③酒が飲みたい④三カ所供えているが全員一緒でよい⑤仏様と二カ所でよい⑥その他」でお聞きしましたら、④の全員一緒でよいとの答えが兄さんよりありました。お兄さんは、こちらに気を使ってお姉さんに同じところで食べるように言われたのだと思います。生きている時、権限を持っていたお兄さんは、死後の世界でも同じように皆をまとめていることがわかります。おかげさまで私もその後一カ所一皿にして助かっています。

また、私の実家の方でとても感動したお話があります。

以前はいろんなことをよく聞いていましたが、最近は観世音菩薩様との会話が多く、こちらの方まで手が回りませんでした。しかし、久しぶりに話してみることにしました。

和生さん（夫）いつもお話しできなくてごめんね！

いつもそばで一部始終見てくださっているから、誰よりも詳しい展開もわかっていると思うけど、すごい真実がわかってきたこと、理解できていますか？との問いに（夫）は、「いつもそばで聞いているから知っている！」との答えが返ってきました。

その後、座敷と2階にいた父と母を瞬間移動で呼び寄せて聞いてみました。

①父も母も他の部屋にいたと思うけれどここに来てしまった不思議な体験をしたね。
②文子の家へ来てからは、体も楽、ご飯も食べられるのでありがたいです。
③お墓に長いこといたと思うけど、暗い所でご飯ももらえず幸せではなかった。
④今は昔のことから思うと天国だね！ありがとう！
⑤今言った①～④まで全部合っている。
⑥違っているのもあれば、①②③④で教えてください。

と聞きましたら、全員が⑤で全部合っていると答えてくれました。

そして、皆さんお返事ありがとうね。何か言いたいことありますか？と聞きましたら、父と母と夫全員の答えは「ないです」と答えてくれました。

そして、以前から聞いてみたいことがあり、それは福井へ行って兄弟と一緒に聞きたいと思っていました。しかし、なかなか行く機会がなくて、ついでに聞いてみることにしました。

父や母が生きていた時、身体が痛くなるといつも汽車に乗ってお出かけしましたよね！①武生②福井③長浜④鯖江に行きました。全員が③長浜と答えてきました。私は、それを見て感極まり涙が溢れてきました。泣きながら次の質問もしました。その時いつもお土産を買ってきてくれたね！それは、①チョコレート②まんじゅう③果物④ういろうを買って帰った。全員が④ういろうでした。生前夫にもこの話をしていたので、夫も一緒に答えてくれました。皆いつもここにいることはわかっているんだけれど、こうして昔の話を改めて確認すると、ああ……生前のことも忘れていないし、やっぱり本当にいるんだな～と涙が止まりませんでした。

私が実家にいたころは、家族や近所の方なんかも、けがをしたり、手足や腰が痛くなると、必ず長浜の治療院に行って、帰りにういろうのお土産を買ってきてくれたのでした。

わが家の2階にいた住人

２０１６年5月28日。霊との対話ができるようになって、２階で写真を撮っていたら白い球のオーブが何個も写りました。詳しく調べると靭帯、貧血、ベータ波が生前悪かった男性３人と卵巣腫瘍だった女性の４人のオーブだとわかりました。そこでいろいろ質問してみました。

・どこから入ってきたの？と聞いたら、1階から入ってきた（全員）。
・ここに来た理由は、救ってもらえそうな家だった（全員）。
・生前の痛み苦しみがまだ消えてない（全員）。
・食事は、食べたいが我慢している（靭帯）（貧血）。
・他人の家だから遠慮している（ベータ波）（靭帯）。
・供養してくれる人がいない（卵巣腫瘍）（ベータ波）。
・雨風が当たらなければよい（靭帯）（貧血）。
・お墓よりよい（靭帯）（ベータ波）。
・できれば布団の上で寝たい（卵巣腫瘍）。
・食事をあげてお聞きしたことでは、何十年ぶりに食べられた（卵巣腫瘍）。
・死後初めて口にしたくらい久しぶり（ベータ波）。
・うれしかったです（靭帯）（ベータ波）（貧血）。
・できればまたいただくことができればうれしい（卵巣腫瘍）（靭帯）（貧血）。
・申し訳なく家に置いてもらえるだけでこれ以上は言えません（靭帯）（ベータ波）（貧血）。

その他、網戸があると入れないとか、早く生まれ変わりたいとか、眠くなったら寝ているとか、何かやれることがあるとよいとかお聞きしました。

結局、追い出すのもかわいそうなので、１日置きに食事を2階に持っていってあげています。

※後日談があります。

２０１７年3月28日のことでした。昨日まで10カ月の間ずっと2階の私の部屋にいて、後からは飯の時だけ下に来て食事していた4人でしたが、この日の夜から食事の形跡がなくなっていました。そう言えば昨晩私はベッドに入りながら、最近浄化して会話している感動の話をつぶやいていました。「皆おりこうさんなのよね！どの子もどの子もいうことみんなよくわかってくれるし、頑張るって言ってくれるし、皆苦労したぶんありがたさがわかるんだね！」と独り言を言って寝たのです。その言葉に感化されたのでしょうか。次の日から姿が見えなくなっていました。

生前、刑事さんだった人の悩みとは

霊との対話も可能になったある日、座敷で写真を撮ったら、わが家のご先祖様しかいないはずなのに、違う波動の人がいました。悪い波動の人が入ってくるときもよくあり、そんなときは、「ここはあなたたちの来る所ではないでしょう。助けてあげたいけれど、そんな人が多くてきりがないのよ！生前の自分たちの生き様が今の結果なのだからね」と言って浄化だけしてあげて追い出しています。

この方は、マイナスではなかったので何の病気で亡くなったのか見てみました。前立腺癌でした。近所で同じ墓地の方が、前立腺癌で最近亡くなっていましたので、もしかしたら？と思い、その方に聞いてみることにしました。

2016年6月16日の朝「先日からここに来られておられる方にお伺いします」と言ってお聞きしていったところ、推察通り生前の職業は刑事さんで立派にお勤めを果たされ、地域の方にも惜しまれてお亡くなりになられた方でした。いつもにこやかで私も大好きな方でした。そんな方が、わが家に来て言いたいことがあるというのです。

それで、奥さんも一緒に聞いてもらった方がよいと思って、歩いて5分くらいの家に行き事情を話しましたが、「旦那様は、49日後阿弥陀さんが天国に連れていってくださり、もうここにはいないから」という言葉しか返ってきませんでした。仕方なく家に帰ってきました。

後日、多分私と一緒に奥さんの所に行っただろう刑事さんに聞きました。奥様の頑固さはすごいですね。私は多くの人を救いたいので、個人的にわからない人を説得するより、理解力のある方にお伝えしていくというのが目的ですが、あなたのことは大好きだったので、できるだけの力にはなりたいと思います。と言ってお聞きしていったところ、答えは次のようでした。

①自分たちの信じてきたこと②供養、仏壇、お墓、食事の件③その他でした。

その後また来た時もお聞きしてみました。お食事は、食べさせてもらっていますか？と

お聞きしたら「いいえ」と言ってきました。先日お話しした時にしっかりご供養されてい

る旨お話しされていましたし、私もやり方をお伝えしてきたし、なぜ？と不信に思って訳

を聞いてみることにしました。戸締まりがしっかりで家に入れないとか、先日の話のよう

にしてもらっていないとか、考えられる限りのことをお聞きしましたが、その他の答えし

か帰ってこないので、どんなことなの？と頭を悩ませられました。

「宇宙霊が来て食べている」って、ありそうもないことを聞いてみたら「そうです」と言っ

てきたのです。え！え！本当なの？どうしてそんなことわかるの？元刑事の勘？私も宇宙

霊の測定でとても苦労しています。ぜひぜひ教えてもらいたいと思いました。

「先ほどのお答えで、どうして宇宙霊とわかるのか教えてください」と言って①におい

でわかる②人間の霊体と違う③礼儀作法がない④その他と書いたら、④その他と言ってき

ました。

その他ってどんなこと？どうしても答えが知りたかったので、あいうえおの50音で1文

字ずつ聞いていくことにしました。そして「ろほぬほ」の4文字の答えがありましたが、私には何のことかさっぱり？ 間違っていないか？ と聞いても「合ってる」と言われるし、辞書を引いても該当なし、人に聞いても知らないと言われるし、刑事用語なのかな？ と悩んで辞書のことわざのところで見たら、ありました！ 嫁、わがまま、わずらわしい、わんぱくものという意味みたいです。そこで、もう1度お聞きしたら、わがままで、わんぱくものが3人仏壇のご飯を食べに来ていて、自分は食べられないし、元刑事の執念なのか亡くなっても、その人たちを退治したい様子が伺われました。

後日奥さんと会ったときに、その旨を少しお話ししたら、「もう十分にやってきたのだから、静かに休んで！って言っておいて」と言われました。

亡くなると、手も足もなくなり0・3センチくらいの球体になってしまい、何もできなくなります。

しかし、霊魂は私たちと同じ霊界に500年以上生き続けていて、感情もありますし、食事もしています。

その本当のことがわからず、いろんな宗教が生まれ、信じた宗教の死後の世界が待っているのが現状で、死後、自分のいるところもない、食事ももらえない、死後も痛い、苦しい……とか。

そんな私も、この間まで世間で言われているようなことを漠然と思っていました。最近になってさまざまなお方との対話ができるようになって、自分の疑問に思っていたことは、逐一お聞きすることができるようになり、やっと真実がわかってきたところです。

そして、いつものようにご先祖様のご供養のご飯を調べていると、時々刑事さんが来て食べたことがわかります。次の日の朝、ムサシの散歩でドアを開けると一緒に出ていくので、奥さんの所に帰られるんだなと思って見ています。力になれずごめんね！と心の中で思っています。本当なら、刑事さんの仏壇にお参りして、宇宙霊を浄化して差し上げたいのは山々ですがそれができないのが現状です。

１００歳愛猫ありがとう

わが家の猫はすべて野良猫でしたが、病気、事故、行方不明などで、最後まで命を全うできたのは２０１７年1月23日に亡くなったオス猫のサスケでした。20年以上そばにいてくれたということは、人間の年に換算すると１００歳になるとのことです。

そんなサスケも長い人生において、マタタビに入っていた膀胱がんが原因で尿が４日も出なかった時や、胃がんの犬に憑かれて４日も食事ができなかった時など、幾多の危機を乗り越えてきましたが、今回は老齢であったのにも増して、餌の中に大量に入っていたものによって水も飲めない状態になってしまったのが一番の原因でした。

だからといって、餌を製造されておられるメーカーが故意に入れられたわけではなく、運悪くどれかの材料の中に混入されてきたのが製品化されてしまったことで、餌だけの問題ではなく、人間が食する食品の中にも、お薬の中にも、健康食品の中にも、いっぱい、いっぱい入っています。食したものが運悪く癌になるものだったり、性格が悪くなるものだったり、それは本当にさまざまです。一般には、ノロウイルスや食中毒やインフルエンザ等だと大勢が一斉にかかるので、そこで食べたものからと限定されますが、一家庭、一個人がそのような食品が原因であっても、永久に原因追究できないのが、現在の世界情勢なのです。

しかし私は、17年前に肉眼では見えない波動に出合い、それに取り組むことによってそれらの大本の原因を解明できるまでになりました。

今回さらに、サスケの死で完結に17年間の研究、実践、結果……あの世までのプロセスの一部始終が、確実に実践実証されました。

1月15日頃から食事はもちろん、大好きだった水も飲めなくなってきました。そばまでいくのですが飲めないのです。自分の寝床で寝てばっかりの日が続いていました。年だから仕方ないか、でも亡くなるときは苦しまずに大往生してほしいな！と思っていました。

でも、３日も水を飲まない、水くらいは飲んで大往生してほしい。浄化しているのにどこが悪いの？腎臓、胃、肝臓、気管支、癌、痛い……あらゆるコード番号を入れて調べるのだが出てきません。どこが悪いの？あれだけ大好きだった水も飲めないでは、かわいそう過ぎる！スポイドで水を飲ましても、たった１滴の水でさえ大変な形相でつらそうで飲むことができないのでした。

どうしても原因を知りたくて思案していた時、水が１滴入った時の顔を思い出し、そうだ顎では？と思い当たり、顎の病気のコード番号を入れたらそれが当たっていました。ああ！これだったのか！顎の病気マイナス10、吐き気マイナス10、それが、半端な数ではありませんでした。浄化していたけれど、間に合わない数だったことがわかりました。そのことがわかって、出てきていたものを全部浄化した途端、４日ぶりに自分で水を飲むことができるようになりました。ですが、その顎の病気は、浄化しても、浄化しても２時間おきくらいに出てきました。でも、出てきたのを０にした時は、水は飲めるようになりましたが、食事も10日くらいとれていないこともあり、死を覚悟しました。

そこでこのような時は神様にお聞きしてみようと思いました。

①サスケの浄化をしながら、このまま見守っていく。
②病院へ連れていって、点滴をするか、安楽死をお願いする。

とお伺いしましたら、その他が観世音菩薩様4神のお答えでした。

③その他

その他？とは何だろうと考えて再度お聞きしてみました。

「長い間家族と共に過ごしてきたサスケとの思い出を語り、感謝、ねぎらいの言葉をかけてあげることがよい」というお答えや「大往生します」というお言葉も頂き、もう迷うことはありませんでした。

水も飲めなくなってきてからは、夜もサスケの横に布団を敷いて私も横で寝ていました。2時間おきくらいにウーウー言ってくるので見ると、必ず悪いものが大量に出てきていました。それを急いで浄化すると楽になり、また寝てくれます。昼も同じように悪いものが出てくると騒ぎ出し、浄化すれば収まります。そんなことが繰り返され、「サスケもう頑張らなくてもいいから早く楽になってね！」と言いつつ心臓病の発作が来た時などは、ひどい苦しみようなので、あわてて取り除いてしまうので、なかなか一気にいけなくて長引いていましたが、最後は10分置きに悪いもの（長い間体の中にいて悪影響があった病気）が出てきて、またなの？今除去したとこじゃないの！また〜と、どんどん来て最後まで浄化し続け、きれいな身体になって召されました。

死後の霊魂の確認は、亡くなった時の病気がその方や動物の目印になるので、どこも悪いところがなくて、猫、オスだけしかわからないと、それがサスケなのか？他の猫？なのか見分けがつかないので、どうしても目印が必要なのです。そんなことも考えていたので、尾骨神経マイナス20というのが来た時にこれなら数も少ないし、大した病気でもないから浄化しないように考えて残しておきました。

それからも、悪いのが来たとき浄化していたので、それが本当にうまく残っているだろうか？の不安がありましたが、死体のお額を恐る恐る見てみると、本当にかろうじてそれだけが残っていてくれました。この目印さえあれば、サスケということが一目瞭然だし、万が一どこかに迷子になっても、いつでも呼び寄せることが可能なので、心配の種が取れました。

サスケに尾骨神経の印が残っていることがわかったところで、この魂を抜いてみよう！と思いました。一昨年の暮れに安楽死させた猫のムサシの時は、死後２時間くらいたった時キュンキュンという声が聞こえてきた時魂が抜けたと思うのですが、それから１年間ムサシのおかげで死後のことが手に取るほどよくわかるようになってきましたので、そんなことも実験でやってみたいと思いました。死後45分後に実行しましたら、あっという間に抜け出てくれて１時間後には、供えてあった水を２回も飲んでいた印が残っていました。十分飲めなかったから２回も飲んだんだね！夜には、ムサシと一緒に大好きだった鮭を食べていました。ご飯が食べられることは、死後の身体が元気という印なのです。病気で亡くなると、子孫がどんなにごちそうをあげても癒やされるまで食事を頂くこともできません。

サスケが亡くなっても死後の世界がわかっているので、泣くこともなかった私ですが、サスケの死後翌日の朝起きて一番に写真を撮りました。サスケがどこで寝たのかな？気になって、こんな所で泣けてきました。1年前に亡くなった猫のムサシがサスケの真横で一緒に寝ていたのです。その横に主人も一緒に見守っていてくれたのでした。サスケの死後の第1夜を皆で寄り添い見守ってあげる世界！何と愛情溢れた光景ではありませんか‼

「ありがとうね！ムサシ、ありがとうね！お父さん」涙なしではおれませんでした。

その後日談があります。この文面を書いた後、神様、ご先祖様、サスケとムサシにも聞いてもらって感想を聞きたいと思いました。皆さんにそのことを告げ、2回読み上げました。

①大変良かった！
②間違っているところがある。
③余分なところがある。
④付け加えたいところがある。

⑤まあまあ、良いと思う。

⑥その他

でお聞きしたところ、観世音菩薩様4神、夫、兄夫婦、サスケ、ムサシの全員が①番大変良かった！と言ってくださったのでした。とはいえ、サスケとムサシまでが返事してくれているから、え?本当なの⁇確かに猫2匹、尾骨神経（サスケ）、吐き気（ムサシ）で出るし、偶然皆と一緒に来てくれたのか?とも考えましたが、もう1度全員に聞いてみることにしました。

皆さんお返事ありがとう！今猫のサスケもムサシも返事をしてくれましたが、言葉が理解できるのでしょうか?で全員に答えていただきました。

①わからない。

②わかる。

③その他

でお聞きしました。特にわかるを、わざと2番目に持っていきました。

ですが、全員の答えが②番でした。

動物もお話がわかるのだ‼そう言えば生きている時もわかっていたのかも！と何となく思い当たることも。そうなってくると、これからますます楽しみが増えてきそうです。

対話をするようになってから、どなたも遅くなると泊まっていただき、次の日の旅立ちにしていいます。そんな時、必ず神様がいつも見守ってくださっていることがわかりました。サスケの時はどうだったのか?とみてみました。

サスケが亡くなった夜、ムサシと主人がそばに寄り添っていてくれたことはわかりましたが、神様も4神の方がそばに付き添っていてくださったことがわかりました。神様は分け隔てなく愛を注いでくださっていました。本当にありがとうございました。

血液の中にいたサタン霊との対話

ある日サタンが出てきた方の浄化をした後、出てこられた方たちとの対話をしました。最後に「皆さんのお身体の具合はいかがですか?」と尋ねると数多くの宇宙霊や、細胞君が「とても楽になりました」との返事でしたが、その中でたった二人だけ「まだ全然変わってなくてつらいです」との言葉が返ってきました。その方はと見ると、人間の霊魂で、サタン、痛み、膀胱がマイナスでした。随分長く浄化したにもかかわらず、まだ痛みがあると言われたので、もしかしたら生きている時の報いかも?と思い、二人に聞くことにしました。その結果このような言葉が返ってきました。

答「誰かに被害を与えた」

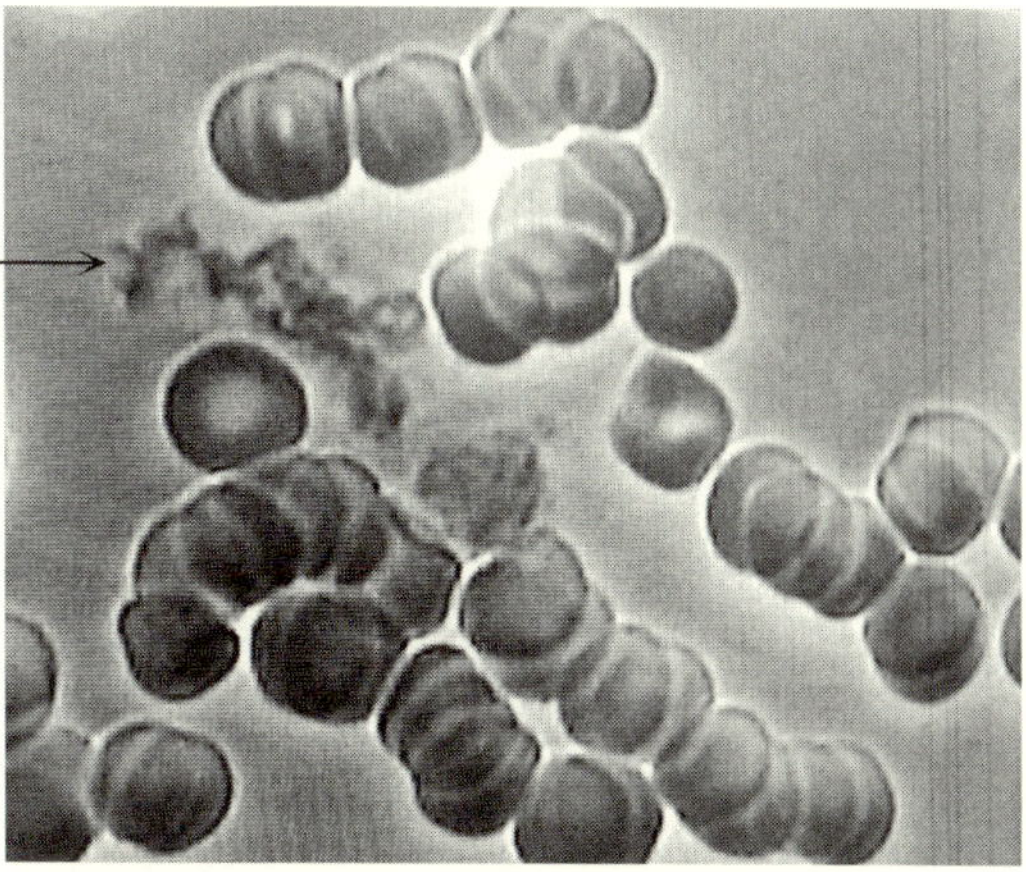

「二人で共謀して罪を犯した」

「刑務所に入って償った」

「保険金殺人で事故に遭わせた」

「亡くなった方の痛みが自分たちに来ている」

「犯した罪と、血液の中で自由を奪われる地獄と二重の苦しみです」

「後悔の念でいっぱいです」

これらの返事を聞いて、もしや?と思いました。本書に載せるために出した写真の中に、角を出して歩いているサタンの姿がありました。測定すると同じ波動だったのです。さすがにこの事実が解明できたことは、神様のお導きとしか考えられない出来事でした。

第5章　誰でも浄化ができる体験談

波動浄化を実践して元気になった人の体験談

ここからは波動浄化を実践して元気になった人の体験談です。最初の2例と最後は、私自身が身近な方や自分の体験を書いています。そのほかは会員のみなさんに寄稿していただきました。

ALS筋無力症

（姪・福井県在住・64歳）

2012年2月に福井県在住の姪から突然電話がかかって来て膝や肩が痛みで寝られなくて、MRIを撮ったら半月板が悪いというので、膝注射をしたら楽になってきたけれど、今度は肩や手が痛くなり、座って布団にもたれて寝ているが、それでも痛みがひどくて眠ることができず一番の希望は眠りたい！ということでした。

その時私は、「この事実は、どこへ行ってもわからないし、治すこともできないから岡崎に来るしかないよ！」という言葉で、よほどつらかったのでしょう、すぐ飛んで来ました。

最初に出てきたのは、子供の頃からの持病しもやけの手足冷感が嫌になるほど出てきて除去し、次の日、これまた子供の頃からの持病である顔が赤く火照ってしまう熱性病のウイルス、これまた山ほど除去し元気になって帰っていきました。その後、随分良くなり一番つらかった痛みで眠れなかったのが眠れるようになり、前の方には手が上がるようになったが、まだ後ろの方にやれない、ということだったので、写真を撮ってメールで送ってくるように伝えました。その写真で重症筋無力症の菌がいることがわかりました。この病気になったら、動けなくなってしまうから、動けるうちに治さないと駄目だよ！ということで、再度岡崎に来ました。その結果、重症筋無力の菌、半月板の悪い霊、靭帯に悪い猫が出てきました。重症筋無力の菌がいると子供をおんぶしているみたいに重くて除去すると、その場で「ああ～軽くなった！」との笑顔！またいるものを除去する度に曲がる！とか、痛くない！とか、感動しながら除去していったところ、身体も軽くなり、伸ばせなかったり、ねじれなかった手も思いっきり伸ばせるようになった！と言って喜んで帰っていきました。

家に帰ると、まだまだ自分の持っているものが少しずつ出てきます。自分でやっていて楽になって動けるようになったみたいですが、肩の痛さが自分ではどうしても全快できず手を上や後ろにやろうとすると引っかかってしまい、伸ばすことができないとのことで、3回目の来場になりました。今回出てきたのは、重症筋無力症の悲しみの霊、関節炎になるウイルスでした。痛いという肩にほとんど集中していました。炎症を起こすウイルスなので腫れていましたが除去後、腫れがひいてきて楽になってきたとのことでした。3回目は、数も半分以下になり、翌日は痛みもなく、思い切り手足を伸ばして運動もできるほど余裕も出来、帰っていきました。その後、家事も散歩もできるようになり、今度は娘や妹のことを心配していました。振り返るとちょうど3カ月間になり、来るたび違う霊や菌、ウイルスが出てきていましたが、すべて彼女の中に滞在していたものが、ある時これ以上は限界!!と爆発したようです。老齢になってからそのような状態になったら、自分での除去もできないだろうし、今回のように岡崎まで来られなかっただろうし、そうかといって私が何回もそちらまで出向くこともできない。今回若いうちに発病して不幸中の幸いだった出来事だったと思います。そして、一番は信じてついてきてくれたことが何よりも結果につながったことと思います。

瞬間移動で25キロ先の腎臓結石が消えた

（名古屋市在住・45歳）

２０１６年9月16日世界の超能力者の方々の技を披露した番組が放映されていました。見ている方々も、何で何で、信じられない、ありえない、理解不可能などの言葉しか出てこない出来事ばかりでした。その日番組を見ていた私は、録画しておき種を解明することにしました。翌日、出演された20人の方の顔写真とほか主なところを測定しました。今までマジシャンたちの多くは動物霊の援助を受けておられたと思っていましたが、今回は、光カードで眉間の奥の奥の遺伝子？のところまで見えるようになったおかげもあってか観音様がついておられる方が半分以上いらしたので驚きました。やはり、この方たちも、この分野で多くの皆さんに、〝このような科学で証明できないようなことも現実にはあるんだよ〟というメッセージを皆さんに伝達するお役目を持っておられるのではないでしょうか。

その日は特に80メートルの瞬間移動とが、ガラスを突き抜けるなど、常識では考えられないことばかりでした。

ちょうどその日、夜電話をかけるから、と言われたのにかかってこないTさんがいましたが、翌日の朝にも連絡がなく、こちらから電話してみました。すると、昨日の電話の後から腰のあたりが痛くて歩くのも腰をかがめないと歩けず、熱は出てくるわ、眠ることもできず苦しくて電話もできなかった！とのことでした。ちょうど痛くなる前、病院で30年前からの持病、腎臓結石の超音波をとってもらっていたとのこと、帰る頃から段々と痛くなってきたとのことでした。

病院で、エックス線や超音波などとった場合は、写真を写してくるように常に言ってあります。Tさんは、1枚だけですが「肝臓の脂肪肝と結石は写してきたから」と言われましたので、その写真をすぐインターネットで送るように言いました。

測定では、今まで出たことのないようなすごい数の菌で結石障害、肝臓、脂肪、痛みのマイナスが出ました。すぐ外でその写真を浄化しました。そのすべてがマイナスからプラスに変わり天高く旅立ちました。これで、痛みはなくなった！と思い、電話すると、少し良くなったけれどまだ完全ではない、と言われるので、まだ痛みの残っている部分と、お額いの写真を撮って送ってくるように言いました。

次に送られてきたのは、先ほどより多い数の腎臓結石、痛みがマイナスの悲しみの霊（女）が、痛い背中の部分とお額に同じ数字、同じ症状が出ていました。このように、お額には腰の部分のデーターまでインプットされているのです。ですから、お額の浄化だけをしても、腰の方も浄化されてしまってすごいことが起こるのです。どちらを浄化してもよいということです。

また、腰の方の写真のみ浄化して空高く舞い上がっていったのを見届けた後、30分後に電話しましたら、ちょうど浄化をした時間に急激に痛みが増してきて、痛いところがギューッと引っ張られた感覚がしたと思ったら、その後痛みがどんどんなくなってきてちょうど電話した頃に、〝おかげ様でいつもと変わらない状態になりました〟と喜びの明るい声が聞こえてきました。

私が行ったことは、送られてきた写真（カメラに写っているままでもOKです）の上に、光カードを5～10分載せただけです。光カードがあれば誰でもできることです。彼女も自分でやっていますが、数が多かったことと、結石という特別のことだったため、彼女の持っている光の分量の容量不足のため浄化ができなかったみたいで、私が持っているすべてを使ってやっと浄化できたのでした。今後はこの件で勉強させていただいたので、また進歩することでしょう！

私は岡崎、彼女は名古屋と、25キロ離れていても、写真に神の光を載せただけで1分もかからず彼女のもとに届き、結石、脂肪肝、痛みの菌、また腎臓結石、痛み、悲しみの霊も全部引っこ抜いてお空に上げてくださったのです。それは、紛れもなく痛みの原因の元の瞬間移動です。結石で亡くなった悲しみの霊も同じように、痛みもなくなり悲しみもなくなるのです。すべてが幸せになってしまう、これほどすごいことがものの数分で起きてしまうのです。信じられない話ですが、事実です。そのためにマジシャンも見せてくれています。この本を読まれた方は、信じられる幸運な方に違いありません。

次の日、また後日談がありました。昨日元気になったTさんですが、その後大丈夫ですか？の電話をしたら、「昨日の残痕が少し痛いのと、頭も痛いので今それらを浄化している」と言われました。私の中では、痛いのはおかしい！と思い、今すぐ痛い所と、お額の写真を送ってくるように言いました。それを見ると、また腎結石です。でもよく調べると同じ悲しみの霊ですが、今日は男性で第6胸椎、昨日は女性で第10胸椎と全然違います。また違う腎結石の方でした。3時に昇天させると、その頃から痛みが消えてきて、それと同時にいつも出てくる頭痛と臭い卵巣癌も一緒に出て行った！と言われるので、昇天した空を見てみると言われるとおり、それらも一緒に浄化されていました。Tさんにいつも内在していてよく出てきて調べているので、この臭いのは癌とかこの痛みは頭痛とか記憶されているのです。またまた新しい発見ができた1日となりました。

82歳母の胆管炎と骨折の体験

（岡崎市在住・61歳・女性）

野村先生に出会い、波動を知って15年ほどになりますが、その研究の成果には驚くばかりです。なぜ具合が悪くなるのか、痛みや痒みが出るのか?そして地震や台風の自然災害、殺人等の犯罪に至るまでその原因が一目瞭然!!さらに解決方法、予防までも明らかにしてくれます。私もいろいろと教えていただき、数々の問題を解決させていただきました。その中の二つほど紹介させていただきます。これは私自身ではなく私の母に起きたことです。

２年半ほど前になりますが、父が亡くなって半年が過ぎ少し落ち着いてきた頃でした。母は当時82歳を過ぎ一人住まいでした。９月の終わり救急車で運ばれたとの連絡が入り急いで病院へ駆けつけたところ、命は取り留めたものの安心できる状態ではありませんでした。診断の結果は胆管炎（胆石が胆管から出ないで炎症を起こす）と腰の疲労骨折。腰が痛くて起き上がることも、寝返りを打つこともできない状態でした。

医師から言われたのは「胆管炎は手術するのが一番よいけれど、母の場合、高齢で肥満等の理由で危険なのでできないし、薬で治療するしかないが、骨折もあるし寝たきりになる可能性があります。退院できても別の看護施設への転院をお勧めします。もう自宅へは帰れないでしょう。覚悟してください」との言葉でした。

普通の人でしたら諦めたでしょう。でも私は良くなる方法を知っています。これは自分がやるしかないと心に決めました。まずは痛くて動けない腰から始めました。その頃は現在の光カードがなかったので塩とネックレスを当てる方法を使いました。週に1度しか病院に行けなかったので2～3回しかできませんでしたが、1カ月もたたないうちに徐々に痛みが薄れてきて、座ることも歩くこともできるようになりました。次は胆管炎です。背中に塩とネックレスを当てることを繰り返しました。はっきりした場所がわからないので位置を変えながらやりました。母は塩とネックレスを当てていると「掃除機で吸い込まれるように流れていく感じがしてとても楽になる」と言っていました。胆管炎の炎症も落ち着き、3カ月近くなって退院することができました。歩けないと言っていた医師は「不思議だ!どういう身体をしているんですか?」と驚いていたそうです。「もう駄目かもしれない、寿命かな!」と自分の手をじっと見て死を覚悟していた母、でも父の一周忌をしなくてはいけないから、どうしても家へ帰るんだと頑張っていました。

私は病院へ行く度、塩やネックレスを使って痛い箇所に当てたりして、世間一般とはかけ離れたことをやっていましたが、わらをもつかむ気持ちだったのでしょう、理由もわからないまま私のやりたいようにしてくれたおかげで良くなりました。素直に受けてくれて助かりました。

もう一つの体験談は母の入院中に起きた話です。母が歩けるようになって廊下側か窓際にベッドが移動した時からです。その頃はシャワーも浴びられるまでに回復していました。

見舞いに行って「あら！窓際に移ったんだ、明るくなっていいね」と話しているうちに異様なことに気付きました。臭いのです。強烈な臭い！その臭いの元は母でした。油が腐ったような臭いです。その時〝あっ〟と思い当たりました。それより何カ月か前に野村先生宅での定例会で〝宇宙霊〟についての話がありました。他の章で詳しい説明があると思いますが、波動測定すると最近脊髄のない魂が増えてきているそうで、それは人間でも動物でもなく宇宙霊ということらしいのです。ですが、男女の区別と悪い所だけはバッチリ出てきて、この時は臭素で現れ独特の臭いがしました。近年あちらこちらで出現しているようです。これについても消去方法を教えてもらい知っていたので、次の見舞いの時に用意をしていこうと思い、何も言わず帰宅しました。次に病院に行く時はちょうどよいことに退院の日になりました。妹と母を家まで連れて帰り、この臭気の宇宙霊のことを話し始めた途端に母が「それだわ！私に憑いているもの、最近臭くて臭くて看護師さんに私の身体どうなったんでしょう？何か悪い病気ですか？と何度聞いても困った顔をして何も言ってくれなかった」とずっと心配していたそうです。「大丈夫だよすぐに消すから」早速、塩と線香を両手に持って鼻に近づけてもらいました。「しばらくそのままにしてね」と言いながらふと思い出したことがあって「そうそう、宇宙霊が憑いている時は自分の持っている病気の症状は抑えられるそうだよ」と言ったら、母はあわてて線香を離して「じゃ止める！あんなに苦しむなら臭い方がまし、我慢する」と言い出しましたが〝時すでに遅し〟です。母からあの臭いは消えていました。その時の母の顔が何ともおかしくてうれしいような、残念なような複雑な表情をしていましたが心配することはありませんでした。その後は臭くなるようなことも胆管の炎症も骨折の痛みもなくなりました。病院では寝たきりになり施設に入ってもらわなければいけない！と言われて施設も申し込んでありましたが、必要がなくなり、現在84歳になりましたが元気で一人で暮らしています。

この体験を通じて改めて野村先生の研究のすごさを実感しました。普通の人間である私にも母を助けることができ、おかげさまで親孝行をすることができました。本当に感謝です。現在悩んでいる人々にも知っていただき、ぜひ体験していただければ幸いです。また現在はその当時の何千倍にも進化した方法が樹立されているので、これからお聞きされる方は大変幸運な方だと思います。

真っ黄色の手・食べ止められないお菓子（名古屋市・45歳・女性）

私が波動と出合って以来経験した、素晴らしい体験をご紹介します。

今から４年ほど前、血液検査を受けました。それは、両手のひらが異常に黄色だったからです。しかし、検査結果は異常なし。病名もなく薬も処方されませんでした。当然、その後もずっと真っ黄色の手のままでした。

そんな時、知り合いに紹介され、野村先生の波動会場に参加しました。その場におられた方々にすぐに手のひらの異常な黄色を指摘され、早速先生が波動機で測定してくださったのです。測定結果は、「C型肝炎」でした。

一般的な知識で、黄疸は肝臓が悪いからだろうな……と思ってはいましたが、血液検査は正常だし、どう改善したらよいのか思いつかない状況だったのです。しかし、波動でC型肝炎とわかったのです。それ以来、私は教わった方法で繰り返し繰り返し浄化し続けました。すると数カ月もしないうちに手のひらの黄色は消えていきました。異常な時の写真を先生が撮っておいてくださり、比較すると一目瞭然です。本当に驚きました。もし、何もせず放置しておいたら、どんどん悪化し深刻な病気になっていたことでしょう。また野村先生の波動に助けられた体験は、これだけではありません。

足の裏が痛くて、タオルを巻いて生活していたことがあったのですが、見た目には傷も腫れもないのに痛くて、どうしたらよいか困っていました。これは、測定で「癌」と言われました。前述通り教えていただいた方法で浄化したところ、その日、その場で痛みが消え、タオルなしで歩くことができるようになったのです。

またある時激しい胃痛に悩まされたことがありました。胃と胃のまわり前後左右、すべてが痛くて何かが詰まっているように息苦しくて、夜中に目が覚めてしまうくらいでした。先生に測定を依頼すると、恨みの魂が憑いていると言われました。本当に苦しかったので、先生に浄化してもらいました。あらゆる角度から写真を撮ってもらい、繰り返し浄化していただいているうちにだんだんと痛みが取れてきて、1時間もしないうちに痛みが消え、それと同時に息苦しさも消えてしまったのです。呼吸がこんなに簡単にできるのか！と感動しました。今まで息を吸うことが大変だったのですが、詰まっているものが取れて息を吸い過ぎてしまうくらいに思えました。

最後に、初めて連れていっていただいた波動医科学研究所での血液検査について、ご紹介します。ここでは、極微量の血液を採取し、顕微鏡でみます。その画像を撮影し、波動を測定するというものでした。

私の血中には、「C型肝炎、豚菌、消化不良、子宮がん……」など、過去に私が持っていると言われた菌やウイルスが大量に確認できました。つまり、痒みや痛みなどは自覚症状として身体の表面に出ますが、そもそも血中に大量に存在し、体中を循環しているということです。極微量の血液の中に、これだけ確認できたということは、血管全体では天文学的な数量の菌、ウイルスが存在し、病気や不調の原因になっていることは明らかです。これらを除去して健康になっていきたいです。

他にも疲労、湿疹などに苦しみましたが、すべて測定し、浄化するというプロセスで緩和、改善してきています。全くなくなったのもあります。

また身体的な健康問題だけでなく、精神的、性格の問題も改善することもできます。

今の私の生活は、浄化の日々です。家事や仕事の合間に写真を撮って浄化する、これはゆるぎない習慣となりました。人は健康じゃないと幸せにはなれないと思います。

私は野村先生の波動にめぐり合いどんどん健康になりとても感謝しています。

※この方は手記にもあるように、真っ黄色の手で来られたので、一目瞭然見ただけで黄疸が出ていると思われるはずなのに、病院では異常なし？はおかしいですね！身体の中の悪いものをお塩の中に入ってもらっていたのですが、どこからとってもC型肝炎と出ました。波動機が何回もそう言っていました。検査で出なくても、見ればわかるのだから、もう1度検査しましょう！と言わないのは不思議でした。

※しかし、薬が出なかったのは不幸中の幸いでした。また他に書ききれないほどのお話がありますが、食べ止められないお菓子の題名にもあるように、子供の頃から今までお菓子漬けだったとのことです。ゴミ箱は毎日菓子の袋でいっぱいになるほど、お腹がいっぱいで吐きそうになっても止めることができないということでした。そして、痒みがひどいところを調べたら、そこには消化不良で子宮がん、痒みの豚がいました。採取した血液の中には、豚、豚、豚……が一番多く埋め尽くされていました。本当に豚そっくりの血液もいて皆で笑ってしまいました。豚が消化不良のおかげで、肥満にはならずに済んでいるようですが、そのかわり胃もたれがあるみたいです。現在の一番の苦労は、豚が出てきたところが痒くてつらいとのことで、日々奮闘しています。今まで、たくさん改善してきていますので、自信を持って頑張っておられる方です。

1週間の歯痛の原因が耳の中に

（豊田市・45歳・男性）

私は15年ほど前に水泳の国体で優勝を目指していた頃、肩や膝や肘が炎症を起こして痛くて動けなくなって途方にくれていた時があります。病院では原因がわからなかったのですが、友人の紹介で波動のことを知り、駄目もとで検査してもらったところ、リウマチであることがわかり当時は波動の高い磁気ネックレスを紹介していただき、それをつけ続けることで改善していき、数年で完治したのが波動を信じるきっかけでした。非常に高価なネックレスでしたが、何本も購入して両親にもプレゼントしたほどです。

その後、波動を研究している野村先生を紹介していただき先生にはそれ以降にはいろいろな体調不良の相談に乗っていただき、通常では原因がわからず、なかなか治癒できないようなものまで薬を使わず完治していただいていました。やり方もどんどん進歩していき、当時は何年もかかったであろう症状の改善を瞬時に体感できるようになり、進歩をずっと見てきた私には毎回驚きの連続です。以前のネックネスとは比べものにならないほど波動の高いお札を患部や自分の写真に当てることで菌、霊、ウイルスなどを浄化することで瞬時に改善してしまうのです。今、初めて先生のやり方を聞いた人には、信じられない話だとは思います。

さて、今回紹介したい体験は「歯痛」です。

私はスポーツ選手ですので体調管理に気を使っています。歯に関しても、噛《か》み合わせが悪いと体のバランスが崩れ、力が出なくなるのを体感したことがあり、噛み合せの状態はいつも非常に気にしております。歯ぎしりなどをするのは噛み合わせが悪いからだと考えており以前も歯の冠の高さを調整してもらったりしていました。

今年、ある朝急に奥歯が痛くなりました。ズーンとくる鈍痛です。すぐに野村先生にいただいた波動の高いお札を当ててみましたが、痛みが全然引かないので、菌やウイルスのせいではないと思いました。

次に以前、歯を食いしばったのが原因で歯茎が炎症を起こして同じような鈍痛を経験したことがあり、寝ている間に歯を食いしばったに違いないと考えました。

噛み合わせをチェックしましたが、自覚では歯の高さにどこも違和感がないため、とりあえず歯を食いしばらないように以前も使ったことのあるマウスピースをつけて寝てみました。しかし、次の日も痛みが引きませんでした。

きっと炎症がひどいのかもしれないと思い、いつもの歯科医院で診てもらいました。ところが、エックス線をとっても異常はなく痛み止めの薬をもらっただけでした。けれども、薬にはいろんな悪いものが紛れ込んでいる可能性があるから、飲む気がしません。

そこで、野村先生に相談して波動機でみてもらうことにしました。その結果、原因は歯や歯茎ではなく、耳の奥に悪いものが入っていることがわかりました。自覚症状でも耳が原因とは思わなかったのでびっくりです。以前に先生からもらっていたお札では消せない強力なやつがいたのです。

ところが、さすがは先生、お札がさらに進化しており、もっと強力な波動を持っているお札が完成していたのです。そのお札で浄化できるか試したところ、その場で痛みがとれて治ってしまいました！

歯科医院でも「歯や歯茎以外が原因かもしれません」などとは一言もアドバイスをもらえてなく、痛み止めの薬を飲むことだけを指示されていました。ちなみに、案の定、痛み止めの薬を波動機で確認してもらったら悪いものが紛れ込んでいましたので飲んでいたらもっと別の症状まで併発していた可能性があります。

きっと、波動機のことを知らない人は痛み止めの薬を飲み続けるのだろうなと考えると、その人たちはかわいそうだなと思い、改めて野村先生に心から感謝しました。

私のこの体験からもっと一般の人にも、このことが理解されるといいなと思います。
※この方は、先回のマスターズで金、金、銀３個ものメダルを取得され、世界を相手に羽ばたいておられるスポーツマンの方です。

薬漬けの屍から生き返った人生

（名古屋市在住・51歳・女性）


数日前、野村先生に10年ぶりに〝シチューつくれました〜〟と報告したところ〝良かった、良かったネ！〟と一緒に喜んでくださいました。

私の病名は、腎臓結石とパニック障害でした。そのために15年以上片手に載せると山盛りになるくらいの薬を飲まなければ生きていけませんでした。

野村先生に初めてお会いしたのは、月2回開催されている波動会場の日です。もう5年くらい通わせていただいています。

最初の頃の私は、1日中寝たり起きたりの生活でした。もちろん家族の食事も作れず、旦那さんにお弁当を買って来てもらうという生活でした。月2回の会場日も旦那さんの送り迎えです。それでも、今日に至るまで送迎をしてくれる旦那さんに聞いてみたら、〝会場日に出かけていった日の帰りは、顔が明るくなっていたから、わらをもつかむ気持ちだった〟と話してくれました。そして、3年間くらいはあまり記憶がありません。行って帰ってくるだけ。起き抜けの姿のままで座っていました。

その後、大きな一つの転機がありました。いつも自分に嫌気がさしていて、もう死にたくて、パニックの発作が治まらなくて、つらくて、苦しくて、恐ろしくて……家族の手に負えない状態が続きました。そんな私に先生が〝家にいらっしゃい〟と声をかけてくださり、私は3日間先生と過ごしました。飲んでいるたくさんの薬を持って。

いつも会場でお会いしていたMさんも来てくださり、波動機で測定しては、お塩で（この時はお塩を使用していました）何回も何回も患部に当てて取っていました。それは、多過ぎて気の遠くなるような手間のかかる作業でした。私はその間にもあちらこちらがざわついて、気持ちが悪く悪態をついていました。この時です。すごく不思議な体感を経験しました。

悪いものが全部膝の中にたまり大木の根が張ったような感じで、取ろうとしてもなかなか取れません。その時自分はパニック状態になっていて、もう死んだ方がよいくらいつらくて泣き叫びながら〝もういいです。諦めます〟と言ってまた薬を飲もうと思いました。その時先生は、Ｍさんに光で切ってみようか？と話され、先生が手刀で光を膝に放ってくださいました。すると張っていた根がプチプチと切れ出し私の膝から離れていきました。それと同時にパニック状態が治まりました。私にとってこれが転機でした。

その後、飲んでいた薬を詳しく調べてくださり表にしてくださったおかげで、すべての謎が解けました。わたしの元の病気は結石とパニックだけでしたが、長年飲んでいた薬は、頭への影響が多く脳梗塞、痴呆、海馬に影響し、またその多くの薬の中に菌やウイルス、霊までいっぱい入っていることがわかりました。最初の薬、抗うつ剤、パニック発作止め、パニック安定剤の影響から、また他が悪くなって甲状腺、高血圧、コレステロール、痛み止めなどの薬が増えてきていました。私は飲み続けるに従い腎臓、心臓、膀胱、尿道、甲状腺、直腸、高血圧、肝炎、めまい、吐き気、無気力、疲労、不安、恐怖……全身の器官が故障していきました。

野村先生が、波動機で調べてくださり、今日は、膀胱が出ているからトイレがつらいんでないの？と言って除去してくださりトイレに行くと、いつもの残尿感がなく爽快な気分になります。いつも原因がわかり、魔法みたいにその場で楽になってしまうのです。

そんな時を経て、昨年からは超進化して光カードを考案してくださり、超簡単、今までから考えるとありがたくて天国の気持ちです。

感情の増えた私は先生のおかげで人生に希望が持てるようになり、前向きに生きることも教えていただきました。本当に感謝‼しかありません。ありがとうございます。

※先日のこと、自分で対処ができない事態になって電話がありました。泣きべそかいて吐き気、悪寒、痛いの症状でどうしようもなくなっている！とのことでした。写真送ってくるように指示しました。見ると彼女の症状通りの吐き気、悪寒、それも恐怖を持っている宇宙霊でした。そして、パニックの犬も出てきていました。恐怖とパニックに大量に来られては、自分での対処も手に負えないはずでした。痛みは卵巣癌も来ていました。宇宙霊に対しては、脊椎が出ないので調べようがなく、本人が症状を言ってくれたのでわかりました（わが家の柿の葉が枯れてきた時も、宇宙霊だったのですが、枯れてきた症状で熱性病とわかりました。植木屋さんの話では、この症状が増えてきて、農薬も効かない！と嘆いていました。わが家はすぐ退治できましたが……）。

今回は、神様にもお聞きしてみよう！と思い立ちました。彼女自身についてくださっている女性神に、彼女は車に乗れない方なので、神様にこちらに来ていただいてお聞きしてみるという発想でした。何でもやってみる！という私の性格でした。彼女にも電話してその旨告げて実行しました。本当にすぐ来てくださいましたのですぐ質問に入り、今彼女は「宇宙霊で苦しんでいますが事実ですか？」との問いに、「はい事実です」と。

これは、「どこから来たのですか？」の問いに、「食べたものに入っていた。これを食べた方は、同じように苦しむ」と。

「これはいつ頃終息しますか？」との問いに「彼女の頑張り次第です」と。

「神様が彼女につかれたのは、いつ頃でしたか？」との問いに「岡崎に縁が出来た頃からです」と。

彼女は、苦しみの現状を訴える使命を持っている！とのことでした。

彼女のように途中から神様が来られる方もおられるし、彼女の娘さんは、以前は観音様がついておられたのに今は何もついていません。性格が悪くなっているそうで2年近く家に来ないそうです。

神様も応援してあげたい方と、見放される方とおられるみたいですね。皆さんも神様に見放されることのない御心を持ち続けてくださることをお祈り致します。

遠く離れた場所からでもキューンと浄化を体験（名古屋市・50歳・女性）

世の中から病がなくならないのはどうしてなんだろうと、常日頃思っていました。どうしても健康な身体になりたい。そんな願いを持ち続けていたのです。私は、30歳のとき慢性甲状腺炎と診断され、10年以上薬を飲んでいました。

病気のせいですぐに疲れてしまったり、朝起きるのがつらかったりして、どうしてこうなるのかな〜と思っていました。

病院では「この薬は死ぬまで飲み続けてくださいね、甲状腺の病気は完治することはありません」と言われていたのでした。病気は完治しないと言われても諦めることはできません。このまま薬を飲み続けても病院の薬では治らないのはわかっていました。しかし、ほかに治す方法を知らなかったのも事実でした。

そして40歳後半になり更年期障害の症状と言われるほてり、のぼせが出てきました。それから、本当に健康になる方法に出合いたいと強く願ったのです。そんなある日、野村先生に偶然出会ったことは神様のお導きであったと思っています。

もちろん、光カードのことも全く知りませんでしたので、なにやらカードらしきものを写真に当てている面白い方だな〜と、先生との最初の出会いは偶然で、しかも強烈な印象だったのです。

私が体調を崩したある日のこと、病院の薬も効かない喘息のような咳が止まらなくなり、夜も眠れなくなりました。本当に苦しくて、涙目になりながら「先生、咳がどうにも止まらないです。病院の薬も効かないです」と泣きの電話。その頃は、波動教室に楽しく通い始めてしばらくした頃でした。

「そ〜んなに苦しいなら、咽と額の写真を撮ってメールで送っておいで」と、先生のやさしいお言葉をいただき、「神様か仏様だわ先生」と思いながら、急いでメール送信したのでした。数分後、咽がキューンと何かに引っ張られているような感覚があって、あんなにひどい咳がウソのように出なくなりました。今度はうれし涙で先生に電話したところ、「今、光カードで除去したからね。咽頭炎がいっぱいいたから、それでは咳が止まらんよね」ということでした。

そのキューンとなった時は、メールした写真を先生が光カードで浄化してくださった時なのでした。名古屋に住んでいても写真があれば、今苦しんでいる症状を取ることができるなんて、すごいパワーです。このパワーは、体験者しか知りえないことなのです。

40年以上、喘息のような咳に悩まされ、１年中風邪をひいて苦しんできた私でした。この時、先生に咽頭炎をとっていただいてからは、風邪の症状が出なくなりました。今では、甲状腺の薬も一切飲まなくなり、毎日写真に光カードを当てるのが私の日課になりました。先生に出会い、どんどん健康になっている身体を実感しています。本当に神様、野村先生ありがとうございます。感謝の毎日です。

世界で3人、日本で一人の難病が簡単に解決

（知立市・56歳・女性）

私の子供は小さい頃から、眠りの深い子だと感じていました。

その症状がはっきり出始めたのは小学校高学年のときです。朝、なかなか起きられず、みんなと一緒に登校できません。目は開いているのに意識がありません。これが病気の症状だとわかったのはあとのことでした。当時は目がすわっていて話をしないので、反抗的な態度をとっているように見えただけでした。私たち家族は、どうしてこんなに人の言うことを聞かない子なのか、不思議だったのです。

中学校に入ると、朝、まったく起きられなくなりました。部活にも入っていましたが、先生の方針で全員が揃わないと練習を始めない規則だったので、朝練習でまわりに迷惑をかけてしまうため、部活も辞めてしまいました。

その頃は、いつ起きられるかわからない状態で、本人の意識がないまま着替えさせ、玄関まで引きずっていき、背中におぶって車に乗せました。学校では毎回養護の先生が手

伝ってくれました。こうして、週3、4回、学校に車で送っていき、保健室に運んでもらっていました。だいたい、2時間目が終わる頃に目が覚めていたそうです。目が覚めれば、何事もなかったように普通に生活でき、何の支障もありません。病院で検査入院もしましたが、異常なしで原因不明でした。

就職してから頻繁に起きづらくなり、職場の人に起こしてもらっていました。味覚障害、けが、やけどにも苦しみ、4～5年たったある日、職場から電話がありました。「いつもと違って何をしても起きないので、病院に運んだ」と聞きました。とはいえ、今までも丸1日や1日半、連続で寝ていたことがあったので、それほど心配していませんでした。ところが、それから1週間たっても目を覚ましません。好きな音楽を耳元で聞かせたり、練りわさびを嗅がせたりしてみましたがダメで、結局、目が覚めたのは18日目。その間、体重が6キロ減少し、筋肉も落ちて歩行も困難になっていました。

病院を退院して3ヵ月後、また眠りに入りました。病院のベッドが空いていなくて、1週間自宅での介護でした。水分補給や食事、オムツの交換、着替えなど意識がないので大変です。そのとき、「何か変なもの憑いていないか？」と冗談で流した般若心経の供養バージョンに反応して、突然自分の耳を引きちぎろうとしたり、拳骨で耳を殴ったり頭を床に打ちつけたりしたので、あわてて音を消しました。

その後、何回か試しましたが、やはり反応するので霊能者や占い師などいろんなところで見ていただいたのですが、原因がわかりませんでした。このときは、29日目で目覚めました。体重は10キロも落ちてしまいました。担当医は「この症状は世界でも3例目で、日本で初めてです。過眠症（ナルコレプシー）でもないようで、眠る原因も目覚める原因も何もわからない状態です」と言われました。そのあとも何回もこのようなことが起こりましたが、どこで眠っているかわからず、警察、兄弟、友達、職場の人たち、私の職場の人たち総動員で探しまわり、4日後に見つかったこともありました。本当に頭が下がる思いでした。

野村先生を紹介していただいたのは、昨年7月に眠ってしまったときです。正直、半信半疑でしたが、目が覚めるためなら、どんなことでも試してみようと思いました。紹介者と一緒に病院まで行き、写真を撮って野村先生のところへ持っていきました。先生は「頭の終脳《しゅうのう》に害のあるものがたまっているから、これを除去しましょう」と言って、その場で取り除いてくれました。これでダメだったらもう少しデーターを持って来るように言われましたが、何と「翌朝早く目覚めた」との連絡があったので、効果のほどにびっくりしました。今回は最短の11日目でした。病院ではなぜ目が覚めたのか調べるために、1週間も退院を伸ばされましたが、原因はいまだに不明のままです。

野村先生には、世界の難病をこんなに簡単に治していただいて、本当に感謝の思いでいっぱいです。先生からは「頭の終脳に悪いものがいっぱいになる前に浄化してしまえば、その病気は発生しませんよ。また、万が一そうなってしまっても、浄化すればその場で良くなるからね」と力強いお言葉をいただきました。素晴らしい先生とご縁が出来たことは何よりの宝です。本当にありがとうございました。今後ともよろしくお願い申し上げます。

未来を開く野村先生の発見、実践、解決力

（食文化ジャーナリスト・東京都・45歳・女性）

２０１０年の5月に野村先生との出会いがありました。

それまでの私は、胎児の頃から極端にストレスの多い家に育ち、10代の頃は国体の候補選手として練習に励んだりという体力には恵まれていたものの、ストレス環境下で肌と免疫が弱く、その上に敏感な「霊媒体質」、重ねて10代半ばから重度の貧血により寝込むことが長くなり、長い時は7～15日間近く寝込むこともありました。

ベッドから出ることができないほどに動けなくなり、部屋から一歩も出られなくなるのです。寝込んでしまうと霊障が除けるか、治まるまではどこにもいけず、いよいよ10日以

上たってしまったなあ……「このままでは仕事も人生も止まってまずい」「なんとか脱出」「会社の運営が（他人に任せられない）……」と思う絶望の底にたどり着いた頃に野村先生からお電話があり、自ら「ああ。もしかして野村先生なら解決していただけるかも」とひらめいて、ご連絡させていただいたことも何度もありました。

自分自身は栄養士の仕事もしていましたので、貧血の対策に関しては工夫しつつも慢性化しており苦心しておりました。サプリメントによる貧血の改善・向上は難しく、ある一定以上は改善しにくく、兄弟姉妹全員が重度の貧血でしたので、対症療法ではどうしようもないということは気付いていました。デトックスをして吸収率を上げてもそれ以上の改善が見られないのです。

野村先生の測定とは、他の研究所とは違って独自に編み出された技の部分が多くありました。霊的なものから菌・ウイルスの存在まで、私の自覚症状と合っていて、特にイソウサ顕微鏡を用いて血液の拡大写真から測定する様はまさに観音様の技としか思えないような特殊な測定方法でした。これは野村先生が女性ならではの自由な感性と、母性に備わっている慈悲心の強さと洞察力の賜物ではないかと思います。長いものに巻き込まれた判断というものに寄らないので、逆に信頼でき、入口は疑いからだとしても最後には核心に辿り着きます。

長年の努力があってこそたどり着いた研究の成果が、特に２０１６年からはどんどん実を結んでいらっしゃるようで、夏過ぎから私も恩恵を受け始めたところ、秋口からは私も寝込むことがほとんどなくなってまいりました。以前は取っても取っても、次々に生じる血液の中のゴミ（まるでウジ虫のようにわき出る生息物や、見えない敵の憑依、菌・ウイルスでしたが）が、ある日を境に減少傾向になって来たのです。これは驚くべき変化でした。何十年もの間、悩まされていた身体……ふらつき・憑依・寝込む・人相豹変・異常な目のかゆみ（タイやインドに20回ほど出張に行ってから目頭のかゆみが止まらずお化粧もできなくなっていた）・生理痛・さまざまな悩みが野村先生との関わりの中で解決されていきました。

また母乳＝血といわれますが、母乳で育たなかったとしても乳母がいたり粉ミルクで育ったりいろいろな方がいらっしゃるかと思います。母乳の中には先祖代々授かってしまった菌・ウイルス・カルマ解消しなければいけないような宿題がたくさん詰まっていると思います。「血は争えない」だの「血が騒ぐ」だの「骨肉の争い」だの、血液にまつわる格言が昔からありますが、血液の中には、将に今世で肉体を持って解決しなくてはいけないご先祖さまから授かった先祖代々の責任のある宿題が詰まっているように拝察致します。

WHOでは、魂の健康も掲げていますが、私たちの魂は、生まれる前から母となる方の母体を選び、この世に肉体を授かり生まれ、霊的な進化を目指して肉体という乗り物に乗って3次元を旅し、いつかまたこの肉体と目に見えるこの世を離れる日が来るのでしょう。それらの見えない世界との対話をも野村先生メソッドは解明もしてくださり、またあらゆる方向性からも探究・追究してくださって、発見、感動、また発見、感動を繰り返していました。

生きている間に、私も動ける身体になり、おかげさまで本当に感謝しています。栄養士として抱えている弊社のお客様もだいぶお世話になりました。諦めないで、ついてきて本当に良かったと思っています。野村先生との付き合いは、疑問、投げかけ、実践、探求、仮定、実践、結果、変容、感動、感動、また感動、毎回毎回感動が湧き上がります。感動なしでは続かなかったと思います。

そして、お世辞のない腹の中も見え、付き合ってきた中で生まれたさまざまな成果の一つがこの書籍かと思います。耕し、種まき、葉が育ち、実になるものも出てきたことは眞に喜ばしく、本当のことや宇宙の叡智の一部分をこうして人間が知ることができて、気付きの渦に毎日巻き込まれて、どんどん問題が解決し、新しい未来が開けてきています。

多くの方が気付けば、霊的な進化や、現世的な平和的解決方法が自ずと浮かんで、また別の未来が地球と環境、生き物の未来未来にやってくる気が致します。野村先生の日々の研究の賜物と、そして女性ならではの命をつなごうとする真摯《しんし》な眼、必死さ、真の探究心、深い慈悲、先入観のなさなどがそれを可能にしています。過去から学ぶことは20世紀に集大成を迎えましたので、21世紀に生きるわれわれは地球の未来を大いなる存在から預った人間として深い智慧と包容力を持って物事をみて、解決能力を持たないと、これからの地球の方向性・未来へのかじ取りをしていくにも、野村先生のまわりで起きたことや、気付き、発見、実践、解決力が、おおいにお役に立つのではと思いまして、筆を取り、希望を込めてここに納めました。

※最近この方からのメッセージが届きました。

隔月また3カ月毎に通っているところの……病院の院長先生も私の診断結果を見て「貧血が良くなったね。（治ったね）!!」「薬が効いたかな?」「いや、薬は出してないな?」「何かやったの?」「独自の方法で⁉何かしたね?（ニヤリ）」とお喜びでした。

という感謝のメールが届きました。

私の体験

私ももう70歳になります。自分ではまだ50代から年を数えるのも忘れています。いまだに若いつもりでおります。40歳の時乳癌手術後、何十年も病院にも行ったこともなく、検査もしたことがないです。

波動ができるようになってからは、特に自分が検査した方が、病院の検査より1000倍もよくわかるという思いもありますし、実際事実ですし、心配なことは何一つありません。

私も人一倍悪いところはいっぱいありました。子供の頃から汗が出ない体質、代謝ができないので、スポーツをしても汗が出ず顔が真っ赤になってしまい、バレーの後に家に帰るといつも主人に〝赤鬼が帰ってきた〟と笑われていました。代謝障害はまだまだたくさんありました。

また、これも子供の頃からですが、すぐにあくびが出るほど眠たくなることで、勉強中、仕事中、運転中お構いなく襲われました。危ないのは、運転中で窓を開け、ガムを噛んで必死で頑張るのですが、ふっと記憶がなくなることがあり、前の車に追突しそうで急ブレーキをかけて難を逃れたことが何回もありました。原因は、脳梗塞、動脈硬化、血栓、クモ膜、痴呆、海馬、アルツハイマーと脳の病気のあるだけが身体から出てきました。毎日浄化することで今はやっとそれらの症状から開放されました。この事実を知らなかったら今頃は病院のベッドの上で寝たきりの人生を送っていたことに間違いないでしょう。

また、今年3月10日より右手首が痛くなってきました。ここが痛くなるのは昔からありましたが、すぐ良くなるので気にもとめていませんでしたが、年とともにポンポンに腫れて痛くて寝れないほど、ひどい状態が時々起こるようになってきました。左ひざも同じように歩けない状態になってしまうことも時々起こるようになっていました。

いつもその都度浄化だけで1週間もかからず元に戻って、何もなかったような生活を続けていました。今回は、いつもの浄化とは違い、二度と繰り返さないための対話をやらなくては！と思いました。しかし手が痛くて波動機が使えません。何が原因しているのかわからないので、波動ができる方に相談したら来てくださることになり、私の指示の下調べてくださいました。捻挫（ウイルス）靭帯（ウイルス）骨折（菌）の痛みマイナスの霊魂だとわかりました。よほど痛みがあった霊魂たちで浄化しても、まだ痛いと言われ痛みが取れるまでなかなか大変でした。私も前の晩、手の置きどころがないほど痛くて眠れなかったほどですから……。

その晩はそれら3魂を浄化したことでやっと痛みがなくなりましたが、まだまだ箸も持てない状態で、他に何が来てるのかな?とみると、ウイルスで骨の痛みがマイナスの霊魂が来ていました。ちょうど神様よりウイルスも菌も会話しなさい！とお聞きしたところです。この霊魂も痛みがなかなか取れないと言ってきましたが、神の光で癒やしたら良くなりました。これだけ強烈に痛いのが揃っていたのですから、私の手首、膝が何回も故障するのは当然の結果だった訳が如実に解明できました。手首が完全に使えるようになるまでに1週間かかりました。その1週間後にはバレーの試合がありましたが、誰もこの事実は知らないです。先日、その酷かった時の手の写真が間違ってある方にメールしてしまったことがあり「呪いの写真かと思った！」との笑い話もあります。

また、神様にもお聞きしてみようということで、波動のできる方がおられるとき一緒にお聞きしました。

①何回も同じ症状を経験しています。それと同じのが来ただけです。
②痛い分想いが強く増強されている。
③憑かれている人は、人並みに簡単に良くならないこともある。
④先日の教えのように、すべての魂に話しかける方法で良くなる。
⑤もっと他の方法もある。
⑥強い悪が仕組んでいる。
⑦皆さん同じように苦しんでいるので、同じつらい体験をしている。
⑧その他

と書いて、神様のご意見をお聞きしました。

お答えは、⑦でした。

たくさん書いてあるのでもう1回お聞きしてみようと再度お聞きしても⑦でした。

少しは同情してくださるのか！と思いきや……。二人で神様は厳しいね！と……。

その時は、11神の神様のお答えでした。

浄化は、自分自分でお掃除しつらくても乗り越えなくては誰も手助けしてくれません。

神様は、原因とそれを取り除く方法と手段を教えてくださいます。地球浄化も同じことが言えます。人間が自分たちの手で、お掃除していかなくてはいけない！と言われそれらを取り除く方法と手段をこの会話を通じて教えてくださることになったのです。
※私には、子供の時の写真から観音様がついていてくださったことがわかっていましたが、２０１７年皆さんの浄化を始めた頃より家に来てくださる神様とともに、私自身にもたくさん来てくださるようになりました。安保会議のサタンとの対話の時は30神の神に守っていただいていました。その後もどんどん来てくださって現在は、50神以上もの神様がついていてくださっています。
　本当にありがたくもったいないことに尽きますが、それだからといっても以前持っていた眠たいのもたまに出てきますし、目が重くなったりの症状やいろいろなものが出てきます。そこで浄化するとそれなりの宇宙霊とかが出てきます。自分に持っているものは自分

で対処しなければ、誰もやってくれないということです。私の長男も観音様がついていましたが、1歳1カ月で短い生涯を終えています。神様は、手助けはしてくれません。

現在は、神様との対話も可能になったおかげで、原因と手段と御光を頂けることで恩恵を頂くことが可能になりましたが、あくまで自分で、子供さんの場合は親が手助けすることです。そして、地球、宇宙浄化は皆さん全員でやらないといけないのです。神様は教えてはくださいますが、手助けはしてくださいません。

神様のお伝えしたいことは、本書のいたるところに書かれています。

第6章　人類が救われる道は、神の導きのままに

鳥取地震の原因

２０１５年10月19日、鳥取県で地震が続いている旨のニュース速報がありました。鳥取では、１９４３年、２０００年、２０１５年（今回）とたびたび地震が起きているとのことでした。

２０１５年10月19日、５日間で12回も起きているとの心配の報道もされていました。鳥取には大切な知り合いもおられるしと思っていると、震源地が映し出されましたので、急いで写真に撮りました。いつもは、海の中がほとんどなのに、陸地でしたので測定してみました。

するとそこには、怒り、ストレス、神経組織マイナスの牛（メス）が、増殖してたくさんになっていました。ひどい目に遭った牛さんでしょう、怒りは最高潮地震にまで発展したのかもしれません。「ごめんね！今楽にしてあげるからね！」と言って浄化してあげました。怒りも消えて空高く昇っていきました。その後友達に連絡して、今、牛さんを上にあげたから今後地震があるかどうか気をつけてみてね、と連絡しましたが、その後おさまったそうです。

２０１６年4月3日インターネットに栃木県でも地震があった、とブログで見ていました。ここは、鳥取の半分くらいの数でしたが、馬（メス）疲労の霊でした。疲れを浄化してあげました。

熊本地震の原因

２０１６年4月14日テレビで熊本が地震と言っていました。その震源地が映し出され測定すると、また動物霊で、怒り、大腸がマイナスの馬（メス）でした。夜10時半でしたが、聞いた以上は地震も鎮めなくてはいけないし、馬も一刻も早く楽にしてあげたくて、真っ暗な外で浄化しました。フラッシュを焚いて浄化できたかどうか確認の写真撮りもしました。これで地震は鎮まったと思っていたら、また15日に地震とのこと。震源地の写真を見ると、今度も怒り、大腸がマイナスの馬で、オスでした。また、夜7時暗くなっていましたが、少しでも早く上げて被害を少なくせねばと浄化しました。これで終わりと思っていたら、16日AM7時、今度は怒り、短気の豚（メス）でした。AM9時に昇天させていただきました。

16日、AM7時、南阿蘇村で学生11人が生き埋めのニュースがあり、現場周辺が出たので写真撮りをすると、ストレス、疼きの鳥（メス）調べてからAM9時過ぎ浄化させていただきました。

その後も、悲しみの女性、怒りストレスの妄念男性、怒り短気妄想の男性が見つかったので、すべて浄化しました。18日には神経痛でめまいの馬（オス）、21日には神経異常でストレスの牛（オス）、21日には怒りの熊（オス）、すべて浄化しました。

24日には地震前の阿蘇大橋付近の衛星画面が写っていました。

ここでは集中して①鳥（オス）悲しみ、神経②鳥（オス）ストレス、無気力③牛（オス）痛み（肝臓）怒り④豚（オス）ストレス、大腸⑤馬（オス）無気力でした。

見れば私たちがいつも食用でいただいている動物ばかりです。

鳥は、雄と雌に選別され、雄は食用、雌は一生卵を産み続けさせられる。

豚は、生まれて1週間で麻酔なしで、歯を抜かれしっぽを切られ、精巣も引きちぎられる！そして、鳥も豚も身動きもできない狭い所に一生閉じ込められ人間の食用になります。私たちは、このような残酷な仕打ちをしているのです。自分や、子供たちが同じような目に遭ったら、どのような心情になるか、考えてみてください。その残虐行為は、いつか必ず何かの形で〝こだま〟のように返ってくるのはないでしょうか？

熊本の地震が始まった時、会員の方に地震は動物が多いよと言ったら、「それなら馬じゃないの？聞かなくてもわかるわ！熊本へ行くと、どこへ行っても馬刺しが出てくるから」と言われました。なるほど馬のメス、オスから始まっていました。そして、いろんな食用の動物たちでした。

鳥インフルエンザ、牛の口蹄疫などで、うつるといけないということで、病気が発生すると元気な鳥や牛でも何万頭でも殺し埋める、と残酷な仕打ちをやってきた九州地方です。今回の動物たちの心は、怒り、ストレス、無気力、疲労、痛みという心の叫び声が、何十年もたまりたまって爆発し、その後連鎖反応が起こったような気がしてなりません。こちらにおられる観世音菩薩様にもお聞きしましたが、動物の怒りの地震が多い、とおっしゃっていました。

その他、天気予報で雨の予報だと、土砂崩れの心配が懸念されます。天気予報の雲の中や台風の目の中にも、動物特にヘビが多く入っていることが多いです。ヘビでも痛みがあったり、怒りがあると特に強力な威力になって甚大な被害にもなってきます。ですので、天気予報を注意して見て、できる限り写真撮りして浄化させていただきました。

日々、熊本地震の浄化に追われていた時、波動会員と話していたら、インターネットの天気予報で衛星中継を見れば、見れるのでないか？とお聞きしました。テレビの画面からだと衛星からの地図が映った時のみしかわからないので、大変な作業になっていました。良い情報をお聞きしてからは、世界中を衛星で見られるようになりました。テレビで台風が来ると言われれば、インターネット衛星を見て、菌もウイルスも霊も目撃した以上はすべて浄化できるようになりました。例えばインフルエンザだとしたら、その流行になってしまう前に浄化してしまえば、それは防げたことになります。

そして、そのことは地震、台風、ハリケーンすべてに当てはまることなのです。そんなことが簡単に防げるのなら、毎日世界中の衛星をチェックしてやるべきだと思います。現在私は、忙し過ぎてそこまで手が届きません。理解、納得できたら皆さんでやっていただきたいと思っています。しかし、誰かがやってくれるからとか、今までと同じやり方、考え方ではなく、このような事実を心に留めて反省し、食用動物に至っては、ストレスや怒りや疲労などにならないような飼育方法を当たり前にしていかなくてはいけないし、将来は、お肉と同じ味のものが他のものからできるようになるといいですね。

大型台風18号で初の竜神様へお願い

２０１７年9月16日、北朝鮮がミサイル打ち上げでやっと一段落の中、またしても大型台風18号が九州に接近し、日本列島全部に影響が及ぶとの報道でした。また前回のように来ていただくことにしました。

竜神様をはじめ、竜、アナコンダさん、大蛇さんに来ていただきました。先回は、九州豪雨、台風5号と大変お世話になり助けていただきまして誠にありがとうございました。今日はまた台風18号が日本列島全部に影響するということで心配しています。また皆様のお力をお借りできるとありがたいと思いお呼びさせていただきました。

今日は、竜さんお一人、アナコンダ家族のご主人、オセアニアにおられたアナコンダご夫婦の旦那様、大蛇の姉弟、野焼きで疼きの彼女の計6人が地獄に行っていたようですね。ただ今6人の方々の中で、初めて地獄体験をされた方は、本当に大変つらく、苦しい所だと実感されたことと思います。2度目の方も半分おられたようですが、もう二度と入りたくない所ですね。アナコンダ家族も、せっかくお父さんと会えたのに、またいなくなってしまい寂しい思いをしていたという母と息子さんの心のうちでした。

こうして全員揃っていただき、今回日本に来ている台風18号ですが、また皆さんのお力で日本列島に少しでも害のないようにお力を貸していただけないでしょうか？とお願いしました。先日お話しさせていただいた7人の竜神様もお呼びさせていただくかもしれません。

7人の竜神様も来ていただき応援していただくと助かります。と伝言されて、全員台風に向かっていってくださいました。

午後4時半約束の竜神様をお呼びすることにしました。初めてお会いするのでどのようなお方なのか、本当に来てくださるのか？不安でした。

今日はオーストラリアの西より、竜神様男性一人、女性6人お呼びさせていただきました。

質問…「ただ今、事情を説明させていただきましたが、理解していただけましたでしょうか？」

答「はい、わかりました」

質問…「男性1神、女性6神で間違いないでしょうか？」

答「はい、間違いないです」

質問…「今日九州に上陸する台風18号ですが日本列島を貫くという予想です。できる限り雨風の害を少なくしたいと思います。人間にはその力がありませんので皆様のお力をお借りできたらうれしく思います」

答「できるだけやります」

「先に行っている皆さんのお手伝いをします」

と言ってPM5時16分に家を出ました。

インターネットで見ると、7神が向かわれてからは、全員が九州の下東の方に行かれて暴風雨が日本海に行くように変更したみたいでした。竜さん、アナコンダさん、大蛇さんたち10人の後ろに竜神様11神が一列に並んで頑張っておられるのが見えました。雨風のことは皆さんが一番よくご存知なので安心できました。台風18号も去ってみると、大型といわれたにもかかわらず、被害も少なくて、感謝あるのみでした。

9月19日（火）台風18号のお礼で皆さんをお呼びすることにしました。その前に昨日ハリケーンイルマの中にいた怒りのヘビ大蛇4匹も皆さんと会っていただきたいと思ってお呼びしました。

今から台風18号で活躍してくださった皆さんをお呼びするから、お友達になってね。と前置きしてから、竜神様11神、他10人をお呼びしました。9月16日から18日まで台風18号の勢力を抑えていただき、日本列島の被害も本当に少なくて済みました。みんなで皆さんのおかげだね！と感謝しておりました。本当にありがとう御座いました。

質問…「皆さんの実力の発揮は？」

答「強風を小さくすること」

「強風を起こすこと」

「風向きを変えること」

「雨雲を動かすこと」

「火事の時は、雨雲を起すこと」

このような力を発揮できると、昨日の大蛇4匹も加わった全員のお答えを頂きました。

質問…「また今回は、前回の台風の時より、7神の竜神様にも参加していただきましたが、皆さんのお気持ちはいかがでしたか？」

答「たくさんの竜神様に来ていただきすごい励みになってうれしかった（竜神4神、他10人）」

「今回の台風は強力、巨大だったけれどそれに負けず頑張れた（竜神4神、他10人）」

「台風の中では会えましたが、今日またここでお会いできてうれしい（竜神4神、他10人）」

「僕たちも皆さんにお会いできて大変うれしいです（ハリケーン・イルマの中にいた大蛇4匹）」

「今日ここでたくさんの仲間に会えてとてもうれしいです（7人の竜神様）」と皆さんのお声をお聞きしました。

皆さんのような力強い方々がいてくださり、応援してくださるので、本当に安心できてうれしく思います。今後も何卒よろしくお願い申し上げます。

卵5個を食べていただきそれぞれの場所にお帰りになられました。

今回もお帰りの時の写真を撮ったところ、雲の中に皆さんのお姿が写っていました。大変貴重な写真です。

ハリケーン・イルマの中にいた動物たち

9月18日（月）北海道は台風の最中でしたが、本州は秋晴れの良い天気で、皆さんベテラン竜神様方にお任せしているので、次の問題に取り組んでいました。その日二人の仲間がお手伝いに来てくれていたので、最近アメリカで起こったハリケーン・イルマの中に怒りのヘビ4匹と、怒りの牛150頭がいたのだけど、どうしてそんな所にいたか聞いてみようか？ということになりました。

質問…「9月10日頃、アメリカの巨大ハリケーン・イルマの中におられた方々で間違いありませんか？」

答「はいそうです（雌牛150頭、ヘビ4匹）」

「人間にひどい仕打ちをされて怒っていた（雌牛150頭）」

「ハリケーンの中で、もっと巨大にして人間に仕返しをしたかった（ヘビ4匹）」

「子供だけたくさん生まされて全部取り上げられた（雌牛150頭）」

「動物園で見せ物にされていた（ヘビ4匹）」

「ハリケーンの所へ行って怒りを爆発させていた（ヘビ4匹）」

質問…「皆さんは食事をされなかった方ばかりのようですが」

答「吐き気とか気分が悪かった（ヘビ4匹）」

「怒りで食べる気がしなかった（雌牛150頭）」

本当に、大変つらい目に遭いましたね。人間って自分たちのことしか考えていなくて、私たちは皆さんのことも考えてくださるようになってほしいと思っています。今度出版の本の中に皆さんのことも書きますので、気が付いてくださる人が増えるよう訴えていきますので、どうか許してくださいね。

質問…「皆さん怒り、お身体の具合は如何ですか?」

答「とても気分良くなりました（全員）」

では、お食事を食べて元気になってくださいね、と言ってお別れしました。

どこの動物さんたちもひどい目に遭っています。自分が動物だったら？の気持ちになって考えてほしいものです。ひどいことした人は、来世は動物になる可能性も十分ありえますね。動物の気持ちをわかるための修行をしなくてはいけないでしょう！霊魂とお話をしていると、前世は人間だったという動物も多いですから。そして、自分がなぜ動物になったかやっと悟っています。人間の時は、せいぜい80年くらいだったのに、霊界では何百年動物であり続けなくてはいけないか！自分がまいた種で同じ苦しみを味わってくださいと言いたいですね。

台風22号で起こったさまざまな出来事（2017年10月27日）

台風22号が進路を変えて南下し、日本列島縦断を回避したというニュースを聞き、いつも被害を最小限にとお願いをしている竜神様方のことを思いました。

早速、衛星写真を開きました。そこには、台風21号で活躍してくださった竜神様方が全員いらっしゃったのでした。竜神様が11神、他14匹でした。いつもお願いばかりしているので、今回は躊躇していました。ところが神様方が直々に日本列島から太平洋に向けて一列に並ばれておられる姿が確認できました。やはり竜神様方のお力の賜物でした。

台風の中に怒りのヘビ80匹、下痢の霊12人、薬害の犬77匹がいることがわかりました。

先日お礼のため来ていただいた時に、台風の中には何もいないほうがよいとお聞きしていたので、台風の中の動物たちを呼んで対話することにしました。

下痢の霊は、集団食中毒で亡くなったとのこと。薬害の犬は、伝染病で亡くなったとのこと。

怒りのヘビは、中国で、薬で殺され恨みをはらしたくて、台風を拡大、激しくしていたと話してくれました。事実、台風には、ヘビが大きく口を開けた映像がたくさん写っていました。

薬害の犬たちも、かわいいワンちゃんの姿がはっきり見えました。

怒りのヘビさんは、薬害も取り除き楽になっていただき、竜神様方がおられる台風の応援をお願いしました。他の方は生まれた故郷で暮らしてくださるようにお話ししました。

北朝鮮の核の脅威、神の力には勝てず！

2017年は北朝鮮が世界中で問題になりました。核の問題が背景にあり、世界や地球環境にも関連のあることなので世界中が注目しています。

第2章でも書いたように、私も神様にお聞きしながら、サタン霊、神経異常霊、ヒステリー霊、動物霊など過激なものを見つけるたびに浄化しています。インターネットで世界の放射線を見られるので、北朝鮮に放射線が出てきたのを見つけたときは、いつも浄化していました。するとなぜか、「ミサイル打ち上げ失敗」との報道があるので、浄化と打ち上げ失敗は偶然ではないとわかってきました。

8月9日には「グアムに4発のミサイルを発射する」という予告があり、インターネットで見てみると、8月10、11、12、13日と4日続けて発射台にミサイルが出てくるのを発見。予告通りでしたがすべて浄化してあるので「心配ないよ」と皆にも報告していました。8月26日、3発失敗したとのニュースがあり、29日、残りのミサイル打ち上げに成功という報道がありました。ミサイルは北海道上空を通過して、太平洋上に落下しています。

あれだけたくさん打ち上げてミサイルはまだあるの?と気になっていたので、8月30日、前回お呼びした北朝鮮の38名の集団霊に来てもらってお聞きしました。

質問…「4月6日にこちらに来られてから、どうされましたか?」

答「北朝鮮に帰りました」

「キム・ジョンウンのことも見ています」

「8月26日ミサイルを3発打ち上げ、失敗がわかったので4発目を中止した」

「その後、失敗だとわかってミサイル製作者に当たり散らしている」

「これらのミサイルは、アメリカのグアムに向けて発射したものだった」

「４発目は修理して大丈夫だと思って打ち上げた」
「ミサイルはこれで最後であとはない」
「資源、資金がない」
「地下にプルトニウムが収納されている」
「核を発射できるミサイルは１個だけある」
「アメリカに飛ばすつもりでいる」
「先日発射した４発目も同じく、アメリカを目標として発射した」
「北朝鮮が平和になるには、○○○○○なると一番よい」

最近、キムさんが水爆の視察をして強気の発言をしていたとの報道がありました。その後、インターネットを注意して見ていたら、１個しかないというミサイルを、９月１日AM11時半に発見、すぐ浄化。ところが、９月３日AM８時にまた出てきました。先日の情報では１個しかないはずなのに、どうして？と思い、また38人をお呼びしてお聞きしてみると、こんな事情だったようです。

答「昨日のミサイルを修理したからです」
「今度は核をのせようと思っている」
「９日（日）の建国記念日に考えている」

「浄化すると修理されてしまうから、８日の日に浄化するとよい」
「グアムに発射を考えている」
「核はまだ積んでいない」
「北朝鮮の威力を見せつけて、自己満足したいという願望のみ」
質問…「そのようなことをしたら世界は戦争をしてくると思いますが?」
答「キムは自分だけ生き残れるつもりでいる」
「地下シェルターの施設が充実して心配していない」
「アメリカの反撃はあると思っている」
質問…「北朝鮮の国民は海外のニュースが入ってきて、わかってきているのでは?」
答「洗脳されていてわかる人がいない」
質問…「先日、北朝鮮のことを冒涜した記者を殺すと発表していましたが、刺客を差し向けたのでしょうか?また何人で行うように言っていましたか?」
答「そのようなことを命令していた」
「６人以上」
質問…「キムさんの子供は何人いますか?性別は?」
答「３人」

「全員男です」

実はこの方たちとの談話中に核実験があったことを、私はニュースで知りました。９月4日には核実験後の場所で放射線、プルトニウム、セシウム各マイナス50が放出されているのを測定。９月７日（木）ＡＭ11時45分、また北朝鮮38霊に来ていただいてそのあとの様子をお聞きしました。

答「９日にグアムに核を発射する予定に変更なし。９日昼頃の予定」

「核プルトニウムはまだ積載していない」

「プルトニウムの威力が保持できているか確認する」

「確認は明日午後です」

「失敗したところの点検は９月９日朝10時頃」

「明日の確認で異常がわかると、打ち上げはわからなくなる」

そこで、翌日の８日、ＰＭ８時15分北朝鮮38人に来ていただき、結果を伺いました

答「予定通り午後プルトニウムの検査をしました」

「核は異常ありとの判断」

「爆発の威力がない」

「爆発の威力のあるものを入れようと考えている」

「9日には何とか間に合わせようとしている」

「修理をやっている」

「爆発に適したものは、プルトニウムのことです」

「それで修理を考えている」

「今日はそこまでで終わり、明日に備えていると思う」

「明日は毎回失敗するところの点検をやって発射となる」

「また明日AM10時頃ここにきて、それでよいのか変更なのか、それから浄化するか、万全を尽くしたらよい」

インターネットで確認すると、9月8日19時30分になかったプルトニウム、プラス20が1時間後に出没。ミサイルの中に入れて強化に使うものでしょう。翌日9日AM10時20分、再び38人との対話で判明したことがありました。

答「昨日プルトニウムを足して強化したので、成功したと思っている」

「ここの検査はこれで終了したと思います」

「予定時間はPM1時」

「浄化時間はAM12時がよい」

AM12時と言われたのに、なぜかその日間違えてAM11時に浄化していた私のミスがあとから判明しましたが、ひとまずは中に入れたプルトニウムも一緒に浄化したことは発覚されなかったようでした。

しかし、またPM3時にはいつもの放射線が出てきました。発射が4時だとしたらまずいことになります。今から皆さんを呼んでいる暇はないと思って、急いで浄化。その後、何も起きなかったので、改めてPM4時半にまた北朝鮮の半数の19霊だけお呼びしました。現地で何があるかわからないので、半数にしたのです。

質問…「打ち上げはまだのようですね。また浄化したので変更がありますか？何時を予定していますか？」

答「今度の予定は今日中に考えている」

「PM6時」

質問…「PM4時に浄化しましたが、また見つかってしまうでしょうか？」

答「どちらとも言えない」

PM6時に発射するなら（もう浄化も終わっているので）安心と思っていましたが、その後、打ち上げはまた延期。PM9時20分、また19名の皆さんに来ていただいて話を聞きました。

質問…「故障が見つかってしまったようですね。ずっと修理できず、PM8時半になって、いつもと違う物質で修理されたように思いますが、どうでしょうか?」

答「今まで放射線だったところを、プルトニウムに変えた」

「今夜PM11時半から予定している」

「どうしても建国記念日に打ち上げたいという希望がある」

「ずいぶん慎重になっている。PM11時半くらいに検査する可能性あり」

「キムは怒鳴り散らしている」

「11時半きっかりの浄化がよい」

「今日はこのような段取りで進めればよいです」

結局、9月9日は中止となったようです。翌日の10日AM11時45分、19人の方に来ていただきました。

質問…「何回もお呼び立てして、申し訳ございません。昨晩11時半に浄化致しました。結局中止になったようですが、理由は?」

答「いつものところの故障が発覚した」

「修理ができず、次の予定ができない」

「何が何でも打ち上げたいので、修理を必死でがんばっている」

「9月11日PM2時50分にも19人の方に来ていただいて、状況を伺いました」

「そのあとずっと修理をがんばっている」

「部品を製作している」

「完了はまだまだ未定」

「キムは腹が立って怒鳴り散らしている」

「早く直すよう命令している」

「修理完了後、また近場で発射を考えている」

「今日、世界各国が集まって北朝鮮の挑発を止めさせる議論をしているが、その結果を気にしている」

「腹が立つと、すぐにでもミサイルを発射したくなると思う」

「どちらにしても、北朝鮮の威力を見せつけたい願望が大きい」

「資源、石油、食料などが少なくなってくる。特に石油が問題になると思う」

質問…「修理後に浄化すると、また見つかり修理されてしまうと思いますか？」

答「タイミングが大切」

「発射５分前が良いかも」

９月12日ＰＭ５時45分、再び19人の方々との対話。

質問…「こちらのインターネットからの確認では、修理できていないように思いますが」

答「そろそろ完成できる」

「朝の安保会議の決議が気に食わなくて怒っている」

皆さんに来てもらっているときに、インターネットを見るともう修理が終わっているように見えました。そこで、ＰＭ６時15分にあわてて浄化。ですが、打ち上がりません。お答えは以下のとおり。

答「発覚したかもしれない」

「部品はまだあるから作れる」

「発覚すれば、また作り直し始める」

９月13日ＰＭ12時13分、19人の方々との対話。

質問：「その後、打ち上がらないのでどうなってしまったのでしょうか？」

答「また故障とわかってしまった」

「今度は考えを少し変えてやろうとしている」

「部品は同じものを使う」

「今でも修理完了後、発射したいと思っている」

「昼、夜関係なし」

「修理完了の報告をキムにし、キムが時間を決める」

対話の最中でインターネットを調べると、放射線とプルトニウムが出てきました。19人の方々のお話のとおり、考えを少し変えてきたようでした。今までと違って、２種類使うことが考えられました。

質問…「その後、修理完了しましたか？」

答「まだです。もう少しかかる」

皆さんにいったん帰られて、何時に発射なのか教えてもらうことに。ＰＭ２時前、半数の19人をお呼びしました。

答「２時発射はない」

「３時以後になる」

ＰＭ３時18分、半数の19人との対話。

答「修理できた」

「４時発射」

「４時発射と同時くらいに浄化してください」

しかし、ＰＭ４時に発射せず。ＰＭ18時17分、半数の19人との対話。

質問…「今回４時に浄化しましたが、どうなりましたか？」

答「4時にはボタンを押さなかった」

「部品はまだある」

「また打ち上げの前にチェックするからいずれわかる」

「キムは最後の一つなので大切にしなければと、躊躇《ちゅうちょ》したのでは」

「腹の虫が悪くなったとき、指示を出すのでは」

この日、19人ずつ5回も来ていただいたので、皆さんにお詫びと感謝をお伝えしました。9月13日は浄化を見抜かれないように、発射時間ぎりぎりまで浄化待機。それで今度は成功かと思っていたら、思いがけずまた相手が躊躇。予定が伸ばされるとまた浄化したのが見つかって、修理されてしまいます。

9月14日は放射線が出てこないので、まだミサイルは未修理だと思っていました。私はたまっている仕事を夜から始め、15日AM4時までパソコンに向かっていました。4時過ぎから睡眠をとって、AM8時に起きたところ、「北朝鮮とうとう打ち上げたね」との電話が。ええっ⁉打ち上げ後のAM10時45分、北朝鮮38霊をお呼びして聞いてみました。

質問…「とうとう発射しましたね。いろいろと教えてください」

答「いつもと違う核を使わない修理をした」

「海できのこ雲が上がる爆発を考えていた」

「海の上で核爆発の脅威を見せて脅したかった」
「何の爆発も起こらなかったので、製作者に問いただし、怒りまくっている」
「核爆発が起きていたら、今頃はそのビデオ写真を自慢して放送している」
「製作者も思いどおりに進まなかったので、頭を悩ませている」
「ミサイルも核もすべてなくなり、資金もすべて水の泡となった」
「各国の制裁で市民生活が危機に入ることにたいして、対処を考えている」
「まだ自分たちに力があると世界に言い続けて、負けは認めない」
「隠せるだけ隠し続ける」
「市民にも良いところだけを見せ続ける」
「暴動が起きないように考えている」

質問…「14日、インターネットでいつもの修理後の核が出ていなかったので、まだ修理できていないと思っていました。先ほど確認したらほかの方法で修理したことがわかりましたが、こちらへの連絡は考えていましたか？」

答「伝えても違う方法なのでムダと思った。まあ、いいかの心境だった」
「核の浄化はできているし、海への発射なので心配していなかった」

質問…「海への発射はアメリカが攻めてくる最悪のシナリオを避けたかったから選ん

だ道だったのですね。しかし、この一連の出来事がすべて浄化されて失敗していたことがわかると、キムはどんな行動に出るでしょうか？」

答「神の脅威を知ることになる」

「自分たちはやるだけのことはやって、気が済んでいる」

「自己中心は相変わらずで、自分の権力だけは持ち続けたい願望でしょう」

「今度出版する本で、神の力に勝てないところを伝えてほしい」

北朝鮮38霊を毎日、何回もお呼びたてして、たくさんの情報をいただきました。最後はミサイルが被害のない海の中へ落ち、また海も核の汚染が起きない最高の結果となったことに、深く感謝の気持ちをお伝えしました。グアムに発射していたら、たくさんの被害だけでなく、戦争にまで発展したに違いありません。今の状況では最適な道だったと思います。これも浄化のお言葉を下さった神様、皆様のお力添えの賜物のおかげです。最後に神様にお礼のご報告をしました。

神様の光によって、世界一恐ろしい核も一瞬にして消え去り、ミサイルも飛べなくなりました。国民が汗水たらして働いたお金が、一瞬で水の泡。世界中の人々が、武力は何の役にも立たずと知るべしです。神の時代がきたことを心に刻んでほしいと思います。

2017年9月24日、核ミサイル発射の9日後、北朝鮮38霊と再び対話しました。

質問…「キムさんは水爆実験をすると世界を脅していますが、そのようなことができるのでしょうか？」

答「何も残っていないのでできない」

「皆も口裏を合わせている」

「幹部、ミサイル製作者は何もないのをわかっている」

「あくまで、実力を伴わない虚勢を張っているのみ」

「国民はわかっていない」

質問…「昨日（9月23日）、そちらで地震が起きましたね」

答「核実験から何十キロかのところで起こりました」

「自然地震で実験ではない」

「以前の実験で地盤が悪くなっているため」

「死傷者、建物崩壊あり」

質問…「各国の制裁発表が論議されていますが、キムさんは？」

答「制裁がどんどん厳しくなるのでイライラ。不満を募らせている」

「皆に八つ当たりをしている」

「今後、口先の反発はできるが、武力の行動は一切できない」

「戦争で襲撃されても、されるままで反撃できない」

「自国戦になれば戦車、機関銃の対戦はできるだろう」

質問…「ただいま、今度出版する本の項目『北朝鮮の核の脅威、神の力には勝てず！』を読ませていただきました。ご感想は？」

答「すべて真実のことでした」

「一連の出来事が、世界の皆さんにわかっていただき、武力では何の力にもならないとわかってくださると良いですね」

答「私たちも霊界から力になれたことをうれしく思います」

「のちにミサイル製作者の耳に入ったとき、そうだったのか！と認めてくださると思う」

「製作者が認めれば、キムさんも認めると思う」

北朝鮮の核問題は世界中の国々が協議しています。結果的には、キムさんが世界中で何よりも恐れられている核の恐怖を取り除く役目になりました。誰もやりたがらない核実験を悪者になってやってくれたので、神の力の前では核を持っても勝てないことを証明してくれました。この一連の出来事が神の存在を裏づけるきっかけとなり、地球から戦争がなくなれば、北朝鮮の取った行動は、世界平和に向けての一役だったのかもしれません。

今後は北朝鮮の国民のみなさんとともに、世界と手を取り合って困難を乗り越えられることを切に願っています。

【最新情報】人類破滅の核細胞を発見！

以前、身体を浄化して生死の境から蘇った女性がいました。今回の出版の準備を進めるなか、彼女から連絡がありました。

再び、吐き気と下痢、頻尿で落ち着けない状態となり、「頑張って浄化しているのだけど、繰り返し襲われてもう自分では対処できないので助けてほしい」とのこと。最近はしっかり浄化してから食べているそうなので、最初は食べ物から入った可能性は低いと思われました。

波動教室開催日の前の晩から来てもらい、くわしく調べてみました。吐き気と下痢、頻尿とそわそわ感が出てきたので、それをいったん塩の中に入れます。この日はほかの会員の方から出てきたものもたくさんあったので、それらと一緒に対話しました。いつもと同じように、まずは種類の特定からです。出てこられた方々に、自分が当てはまるところに来ていただきました。

①「霊です」

②「菌です」
③「ウイルスです」
④「宇宙霊です」
⑤「人間に細胞培養された方」
⑥その他

⑤はこの日、まさかと思いつつ、初めて追加してみた項目です。すると、３人がウイルス、８人は宇宙霊（ひもろわろよらるんや星）。そして、最後に31人もの方々が⑤「人間に細胞培養された方」という箇所に来られたのです。

恐ろしいことが起きている！血の気が引いてきました。しかも、困ったことに人間に細胞培養された方はほかのウイルスや宇宙霊が「元気になりました」といっても、「まだつらいです」の言葉しか返ってきません。つまり、良くなるまでに何倍もの時間がかかるのでした。

その事実が判明して以来、対話では「遺伝子組み換えで細胞培養されました」の言葉を追加して本人に選んでいただくようになっています。この項目を入れずに今まで質問していたときは「その他」が多かったのですが、それがこの細胞君（名前がないので細胞君と仮に呼ばせていただきます）だったようです。今まで宇宙霊の対処が大変と思ってきましたが、宇宙霊の数より細胞君の方が何倍も多いとは……。

ちなみに、彼らはとても頭が良く、自分の境遇もよくわかっていて、しっかり答えてくれます。そして、調べていくうちにさらに恐ろしい事実を発見。この細胞君は調べるのにとても大変です。なぜなら宇宙霊と同じく、脊椎がないだけでなく男女の区別もなく、そのものズバリの症状と病状の段階を入れなくては反応しません。例えば、吐くだけでもプラス0～プラス90、マイナス0～マイナス90まで20回測定しなければどの段階に属するのかわからないのです。

先に述べた女性の吐く（気持ち悪い）プラス50は、彼女が浄化せずに半年間飲んでいたお茶に入っていました。そのお茶をすぐ買ってきて確かめると、プラス50吐くの細胞君が5人入っていました。半年間飲んでいるので、どれだけ身体の中に潜んでいることか。全部浄化できるまで吐き気は治まらないでしょう。

この細胞君は「皆さんは何に入っていましたか?」の質問にすべて答えてくれます。薬、健康食品、飲み物、さらに飲んだ覚えのある品名を書いても、そのものを間違いなく教えてくれます。最近では、何回も彼女から出てきた新しい細胞君と対話していますが、前回の回答と同じお茶に入っていたことを正直に答えてくれます。

彼女が20年前に飲んでいた便秘薬は、頻尿、そわそわ感になり、もう20年も苦しんでいます。それも今回の対話で名前までズバリ細胞君が答えてくれて、原因がわかりました。良かれと思って飲んでいたものが、自分たちの身体を蝕んでいたという事実が、彼女から出てきた細胞君たちの切実な訴えから解明できました。

細胞君が症状を持っていると、その細胞君と同じ症状が本人にも出ます。ただ、敏感に感じる方と鈍感な方とがおられます。いずれにしろ、早く気づいて浄化するべきですが、この事実はまだ世界に知られていないだけに、病院では原因不明や個人の体質で片付けられているでしょう。これを浄化できる手段を知らない方はお気の毒としか言いようがありません。

対話で教えてもらった、細胞君の気持ちは以下のものでした。

①**「自分たち、これからどうして良いかわからない」**

②**「自分たちは生まれたくなかった」**

③**「自分たちを造ってほしくなかった」**

④**「人間に役に立つ目的で作られたと思うが、人間にも自分たちにも役に立つより、つらいことの方が多いと思う」**

後から④番を付け足して書くようになると、全員が④番に来るようになりました。

私はこの回答を聞いて、涙が後から後から溢れてきました。どんなに詫びても償えず、一刻も早く製造を中止させることでしか、細胞君たちのお気持ちにお応えすることができません。ここ数日間で出てこられた細胞君が教えてくださったリストは、無気力（健康食品）、神経異常（薬、健康食品）、痛み（健康食品）、脳全体（お茶、その他）、貧血（健康食品）、肥満・吐く（健康食品）、下痢（薬、お茶）などがあります。これらの症状を持つ方は今、飲んでいる薬や健康食品の見直しをお勧めします。

アレルギー、花粉症、視力低下、無気力など、現代の若者、子供たちが昔はありえなかったような原因不明の症状で悩んでいます。生まれたときからこのような食べ物に囲まれ、少しずつ蝕まれてきたのでしょう。手に負えないほどの数の細胞君が商品に入っています。近年、誰もが想像しえなかった恐ろしい事態です。

これは世界中の皆さんが取り組んでいかなくてはならない問題です。この害が発見されたことで先進国には多大な被害が出るでしょう。発展途上国にまで被害が及ぶ前に発見されたのは不幸中の幸いでした。先進国はお金や人材を使って自分たちの撒いた種を取り除いていけるはずです。特に日本は神の国です。世界の先頭に立ち、どのように進めて行ったら良いか、見本を見せてあげてほしいと思います。神様にもお聞きしました。

質問：「細胞培養の事実に驚いています。今後はどのような対策を取ったらよいのでしょうか？」

答「いつもどおり浄化して対話する」

「早く止めないと大変なことになる」

「遺伝子組み換えによって出来た細胞培養です」

「人間の身体の中に入ると、身体や精神が正常でなくなってきます」

翌日、自分の家の中で使っているものを出して調べてみました。身近で毎日使っているものに、たくさん細胞君が入っていました。「遺伝子組み換えをしていない」と書かれている食品でも、細胞君が17人入っているものもありました。この商品は咽頭、気管支に悪い細胞君で、私の咽頭の調子が悪かった原因がわかりました。

わが家の身内も調べたら、細胞君の多いお菓子（1袋に8人）を好んで食べていた家族が、若い頃から子宮が痛かったり、いつも眠たい症状に襲われていたり、気力が出なかったり、痒みが出たりしていました。私のまわりだけでも大変なことになっています。再度、神様にお伺いして、お答えをいただきました。

答「遺伝子組み換えは、やってはいけない」

「人類にとってマイナスしか起きない」

「遺伝子は神が考え創造した」

「遺伝子組み換えの産物にはマイナス細胞が生まれ、人間に悪影響を与えることになる」
「結果として、癌、アレルギー、花粉症、原因不明の病気が起きている」
「細胞君は意思を持っている」
「浄化は光カードしか効かない」
「光カードで身体から出た細胞君はその辺をさまよい、食べ物を食べたりするとまた誰かの身体の中へ入る」

質問：「細胞君は生まれて来たくなかったと言っているので、楽に消滅させてあげる方法はありますか？」

答「光カードの上に載せておくと、いずれ消滅してくれる」

これをお聞きして肩の荷がおりました。今後の対策もお聞きしました。

答「遺伝子組み換えをしていない種などを求め、新しく作り直す産業を興す」
「人や動物の身体の中に入った細胞君、菌、ウイルス、宇宙霊、薬害などを自分自身で外に出していく方法を病院でも指導していく」

この事実がわかって良かったと前向きにとらえてくださる方なら、皆さんで考えれば、まだたくさんの素晴らしい方法があると思います。

天照大神様からの伝言「れえたきるなけいああやふはさ」

「新しい世界　神とともに！」の出版を年内に急がなければならない状況で、以前も2回出版させていただきました、たま出版様が一番に名乗りを上げてくださいました。

私の願いは神様との対面を実際に体験していただくことでした。真実かどうか、自分の目で確かめてほしかったのです。その要望を聞き入れてくださり、編集者お二人がわが家に来てくださり、その結果、お二人には本に書かれていることの内容を目の前で見て、理解していただけました。「やはり、来て良かった」「これだけすごいとは想像していなかった」と言っていただき、神様の実在も確認されました。ちなみに、お二人にも神様がお二人ずつ、つかれておられました。

いろいろ打ち合わせをした最後、「天照大神様にここに来られる前はどこにおられたのでしょうか？」と、お聞きしますと、天照大神様直々に、「れえたきるなけいああやふはさ」という14文字のお言葉をいただきました。

その場に同席した、たま出版のお二人、私と会員の4人、計6人で知恵を絞ってその意味を考えましたが、解読できませんでした。それでも、いくつかの質問を通して、神様のお言葉の目的だけはわかりました。

「れえたきるなけいああやふはさとは、場所のことではなく、宇宙の月に関係がある。この言葉を出版する本の中に書いてほしい。載せることに意味がある」とのことでしたので、ここに掲載します。

まだお言葉の意味を全部つかめていないので、解読できた方、あるいはヒントになるような知識をお持ちの方は、ご教示いただけると幸いです。いただいた情報を天照大神様に確認してみたいと思います。よろしくお願いいたします。

第7章　未来波動17年の歴史

本章では未来波動17年の歴史と、現在まで未来波動がどのように進化してきたのか、その歴史を紹介します。

2000年8月1日、私は波動測定器と磁気ネックレスに出合いました。購入を決めると、波動測定器とそれを扱える先生も一緒に来てくださいました。磁気ネックレスは貴金属のプラチナに磁気を入れたもので、血液の流れをよくしてくれるという厚生労働省の認可を受けた医療用具でした。

波動測定器で測定し、磁気ネックレスによって改善するという結果が検証できるようになります。やがて、最初に使っていた磁気ネックレスよりも4倍の力があるという磁気ネックレスに出合います。実際に波動測定器で確かめて確認もしました。その磁気ネックレスを販売している会社の社長にお会いすると、「ネックレスだけなく、霊の面も見なければ良くならないよ」と教えられ、見えない世界に関心を持つようになっていきます。

霊の対処法も教わりました。それは「手のひらに塩を載せてギュウギュウ押しながら、ひねって外にポイッと捨てる」というものです。しかし、その方法では部屋でできず、子供もできないので、塩をティッシュに包んで持たせることにしました。それからは塩の波動を高波動にしたり、追い出しグッズを使ったりして、体の中の悪いものが手へ出ていく方法を考えるようになります。それは霊だけでなく、菌やウイルス、薬害なども出てくれたので、けっこう役に立ちました。

しかし、その方法では塩に入った霊・菌・ウイルスを浄化できません。霊能者にお聞きしたら、「たまった塩はティッシュを取り除いたあとで、川に流せばいい」とのことでしたが、川に流すのは人目もはばかりますし、そもそも浄化できていませんから、流したあとで霊などが後ろからついてくるような感じがして、私としては抵抗を感じていたのです。そんなとき、また新たな霊能者とお会いする機会を得ました。「ある波動の高い石で消える」と教えていただき、実験してみると本当にそのとおりになったので、感謝に耐えませんでした。

こうしていろいろな方のアドバイスや知恵をいただきながら、私は見えない世界の奥深くに足を踏み入れていきます。主な活動の記録を年表で紹介します。

●主な活動の記録年表

2000年	波動測定器と健康磁気ネックレスと出合う。磁気ネックレスの効果に気づき、首にかける方法だけでなく、応用法を一人で模索し始める。
2005年8月11日	1冊目「波動で見抜く人生の真実（たま出版）」出版。
2010年4月1日	2冊目「未来波動が教える病気の正体（たま出版）」出版。
2011年1月	山口県の会員から送られてきた草むらの写真にキツネと猫の霊を発見。そこを掃除、供養した3回目の帰り道、空高く上に伸びた雲を会員が撮影。送られてきた写真を調べると雲の中にキツネと猫がいて、数値も浄化後のデータと一致。その後の数々の検証で雲と霊の昇天の関連が判明する。
2012年	病院で何回も注射された薬が薬害となり、首にへばりついていた薬害の浄化が成功する。患部にたくさんの磁気ネックレスを当てて、もう片手に塩を握ってもらうと、薬害が塩の中にスッポンと入って痛みが抜けた。本人は「魔法だ！」と叫んで驚く。そこからヒントを得て、磁気ネックレスを応用した浄化を始める。

2012年4月15日	朝に30キロ離れた名古屋から電話あり。「岡崎方面で空に昇っている白い線が見えるから写真撮って」とのこと。調べると、前日、山口から泊まり込みで来られた方から出てきたものが昇天していた。目に見える形になって見せていただいた、初めての出来事に感激。
2012年10月28日	アメリカにハリケーン「サンディ」が上陸。何十万人が避難、甚大な被害が出る。写真を測定した結果、ハリケーンの渦の中にいた21霊体が神経組織、アルコール中毒、怒り、ストレスのサタンヘビ（オス）と判明。ヘビがアルコール中毒、ストレスで怒っている原因は、生きたままお酒に入れて滋養強壮にしているせいかも。
2012年11月29日	波動教室の日、会場真上で逆さの虹を発見。虹を測定すると、その日来られた方々を浄化した菌・ウイルス・霊などが昇天して、虹の中に全部入っていた。のちに、瀬織津姫様とたはたらけてん神様とが両端におられて出来た虹と判明。その後、逆さ虹には昇天された方々が入っていくこともわかった。
2013年2月	飛行機に菌やウイルス入りのポリタンクを積み、世界中の空から毒を噴射するケムトレイルの事実を知る。噴射地点ではノロウイルス、麻疹、インフルエンザなどが流行。飛行機のポリタンクや煙を測定すると、病気の原因を検出。それらを撒《ま》いて利益を得るのは誰でしょうか？
2013年8月28日	波動教室の日、空に観世音菩薩様（瀬織津姫様とたはたらけてん神様）のお顔が出現（「第2章　ろねらわゆわ（神様との対話）・瀬織津姫様」参照）。

２０１４年５月18日	テレビ討論会を見ながら、政治家の皆さんに遠隔ハンドパワーを実施。効き目を調べると、憑いていたものが消失していた。以後、波動教室の日に、世界の国のトップの方たちを選んでハンドパワーを皆で実施。何回かやるうち、手が痛くなる方、反対に相手からもらってしまう方がいて、この方法は万全ではないと判明、中断。
２０１４年11月16日～18日	福島県南相馬市へ放射能浄化実験に出かける。２０１１年３月11日の東日本大震災以来、汚染土の山済みが問題に。掘り起こしていない土の上に放射能が浄化される石や土を撒けば、手間も費用もかからないはずと考え、あらゆる石のサンプルから放射能を浄化できる石を調べ、何種類か選択。ＮＧＯの方と福島で効果を実験。測定ではしっかり消えるが、肝心のガイガーカウンターに放射能がくっついてきたり、まわりの空気に反応して鳴ってしまったりして、一般の人には効果が納得できない結果に終わる。
２０１４年12月１日	公証役場で三つの承認印をいただく。 　福島県南相馬市での放射線セシウムなどの除去実験について。経過書面の内訳は経過文面２枚、分析結果３枚、Ａ４写真９枚の論文。 　人、動物、植物、食品などに憑いて、それらに悪影響を与えていたものを磁気の力で吸着させたり、分解させたりして高波動の塩の中に取り込み、改善させる手法について。内訳は文章６枚、写真11枚の論文。 　指の１カ所を針で刺し、針穴から出た1滴の血液を３６００倍率に拡大した、７名の方の写真分析、文章11枚、写真42枚の論文。

2015年1月26日	試行錯誤の末に「光カード（神様の光）」が完成。この頃、福島の汚染水を入れたタンクの問題が深刻化。置き場所がない、汚染水が漏れ出すという事態になっていた。このおかげで汚染水のタンクを外から写しても、セシウム、ウラン、プルトニウムがタンク中のどこにどれだけ入っているかまで一目瞭然。同時に、それらを2～3分で浄化するのが可能になった。
2015年7月23日	台風9、10、11号のトリプル台風。この頃、台風の中で多くの霊たちが荒れ狂い、怒りを爆発させているのを知る。特に人間に食用とされている動物たちの霊魂。以後、台風の中の霊、菌やウイルスをすべて浄化、昇天させるようになる。
2015年8月6日	戦後70年の放送で、戦争中に玉砕地獄が起きた硫黄島の特集。祖国に命を捧げた若者たちの霊魂が、今も現地で亡くなったときの痛みややけどの思いとなって残っていた。硫黄島の写真を浄化すると、たくさんの方々が傷みや苦しみから解放され、岡崎の空から天高く昇っていかれた。
2015年10月19日	鳥取地震浄化。何回も続いていた地震がぴたりと起こらなくなる（「第6章　人類が救われる道は、神の導きのままに・鳥取地震の原因」参照）。
2015年11月29日	最愛の猫のムサシを安楽死させる（「第4章　死後の世界・愛猫ムサシの死で魂を研究」参照）。
2015年年末	放射能から悪霊、菌やウイルスまで、すべてを浄化できる光カード（神様の光）の応用と実践、成果を論文にまとめる。

2016年2月11日	インフルエンザウイルスの原因解明と解決方法の論文、文章11枚、写真7枚の論文、公証役場で承認印いただく。
2016年4月14日	PM9時26分熊本地震。たび重なる浄化にもかかわらず、次々と地震が発生。動物霊と地震の因果関係を神様からも確認（「第6章　人類が救われる道は、神の導きのままに・熊本地震の原因」参照）。
2016年4月17日	光カードで放射能が除去できるか、福島で2回目の実験。先回と同様、除去はできるが、ガイガーカウンターに問題があり、正確な測定結果は出ない。
2016年4月20日	この頃、光カードの威力が増したため、額の写真だけで菌・霊・ウイルスがわかるようになる。以後、額だけ写して浄化するスタイルに変わり、浄化作業もいちだんと簡素化される。
2016年4月25日	野村家のご先祖様4人の毎日の散歩、始まる（「第4章　死後の世界・ご先祖様との会話や日常生活」参照）。
2016年5月7日	ご先祖様との会話、始まる（同右）。
2016年5月18日	空にお顔が現れた観世音菩薩様との初対話。
2016年5月23日	2階にいた4人の霊魂と対話（「第4章　死後の世界・わが家の2階にいた住人」参照）。
2016年5月24日	エンゼルとの対話（「第3章　夢物語と未知の世界・エンゼルとの対話」参照）。

２０１６年６月16日	生前に刑事さんだった人との対話（「第４章　死後の世界・生前、刑事さんだった人の悩みとは」参照）。
２０１６年７月11日	宇宙人の霊魂（れやえろならほお星、女性二人）との対話。
２０１６年８月29日	観世音菩薩様のお名前が瀬織律姫様とたはたらけてん様とわかる。
２０１６年８月30日〜31日	天照大神様、天の岩戸開き、日本が世界のひな型、16人の王子の真実がわかる（「第２章　ろねらわゆわ（神様との対話）・光は東方よりは、この神の光のこと」参照）。
２０１６年８月	額の波動を調べると、神様がおられる方がわかるようになる。
２０１６年９月	自分や孫についてくださっておられる神様との対話。
２０１６年10月６日	この日、自分の額の情報が14段階層に積み重なっている事実が判明（のちにもっと多くの階層を発見）。
２０１６年11月３日	観世音菩薩様にお願いして、新しい光カードを作成させていただく。
２０１６年11月25日	新しい波動測定器を見学。心臓病で何回も入院された来場者が「心臓が悪いと言われてもわかっている。その心臓が治るのでないと意味がない！」と言って帰ってしまった。未来波動の手法が現代機器に勝ることを実感。
２０１７年１月１日	鳥取より来客（「第１章　第三の眼の奥に、病気の原因が見える・位牌から事件の真相が見えてきた」参照）。

2017年1月23日	猫のサスケの死（「第4章　死後の世界・100歳愛猫ありがとう」参照）。
2017年2月9日	神様に人助けを依頼される（「第3章　夢物語と未知の世界・正夢で来られた神様」参照）。
2017年2月10日	自分のまわり、テレビの有名人を調べて、額の情報が20階層、50階層以上の人が存在することが判明。
2017年3月10日	私の手首が、時々訪れてくる骨折等の痛みと腫れで、1週間使えなくなる。
2017年4月1日	神様（37神）との対話で宇宙人についてくわしく教えていただく。
2017年4月6日	テレビ映像から、北朝鮮の船舶の近くに33霊の集団霊を発見。神様（60神）指示のもと、わが家に来ていただいて対話（「第2章　ろねらわゆわ（神様との対話）・集団霊の浄化」参照）。
2017年4月8日	テレビ映像から国連安全保障理事会にいた402人の集団霊発見、浄化。このとき自宅に1500神（同右）。
2017年4月12日	「人間の世界は自分たちでやらなければいけない。神様は自ら手を下すことはできない」と2023神のお言葉（「第2章　ろねらわゆわ（神様との対話）・プルトニウム浄化」参照）。
2017年4月13日	衛星画像で北朝鮮の放射線、プルトニウムの膨大な塊を発見。神様（3500神）から「浄化すれば害はなくなる」と言われ、その日浄化（同右）。

2017年4月16日	日々、世界の主要人物の浄化に追われる。この日は20488神。「世界から喜ばしいことの参加に来られている」とのお答え（「第2章　ろねらわゆわ（神様との対話）・3万7千人以上の世界の神様が！」参照）。
2017年4月20日	神様の人数が37622神に。
2017年4月23日	衛星写真でまた集団霊2カ所発見。わが家に来てもらって対話する。32240神。
2017年4月26日	本書の題名「新しい世界　神とともに！」を28955神が決めてくださる。
2017年4月28日	月末が近づくにつれ、多くの神様が御自分のエリアにお帰りになられて、19992神。
2017年4月30日	8045神様に私たちの今後の方針を教えていただく。
2017年5月3日	イエス様、御釈迦様、マホメット様も自宅に来てくださっているとお聞きして驚嘆（「第2章　ろねらわゆわ（神様との対話）・キリスト様、マホメット様、お釈迦様」参照）。
2017年5月4日	キリスト教の勉強をした波動教室会員の質問にイエス様お一人でお答えしてくださる（同右）。
2017年5月6日	神様方（400神）が「手記を聞きたい」と申されたので、読んでほしいところをお聞きしながら、順番に読ませていただく。

2017年5月14日	鉄の玉が落ちて、神様よりのお知らせあり（「第2章　ろねらわゆわ（神様との対話）・鉄の玉が落ちてくる」参照）。
2017年5月17日	真光文明教団の創始者、岡田光玉様との対話（同右）。
2017年5月19日	神様の世界は頂点に宇宙絶対神がおられ、ピラミッド組織になっていると判明。残っておられた世界の神様のお名前をお聞きする（「第2章　ろねらわゆわ（神様との対話）・16人の皇子の話」参照）。
2017年5月20日	スリランカ港にいた101霊のサタンを浄化。
2017年5月23日	自宅玄関に3名の大黒様が来訪（「第2章　ろねらわゆわ（神様との対話）・増え続ける宇宙霊」参照）。
2017年5月26日	自宅に素佐嗚尊様から神武天皇様、さらに親鸞聖人様と蓮如上人様もいらっしゃる事実にびっくり（「第2章　ろねらわゆわ（神様との対話）・八岐大蛇の伝説　素佐嗚尊様」参照）。
2017年5月28日	神様のお名前をお聞きする。空海、最澄、一遍上人、恵比寿様2神、板彫法華経曼荼羅から11神、金剛界曼荼羅から15神、さらに現人神では17代、18代、19代天皇、ご子息3名ほか1名の方が名乗り出てくださる（同右）。
2017年6月6日	神棚に最高神の天照大神様がおいでになっておられることがわかる（「第2章　ろねらわゆわ（神様との対話）・天照大神様」参照）。

2017年6月7日	まだお聞きできていない神様のお名前が判明。神々の系譜より17名の神と現人神様で安閑天皇ほか、20名のお名前をお聞きする（「第2章　ろねらわゆわ（神様との対話）・37神」参照）。
2017年6月14日	大国主神様に因幡の白ウサギの伝説の真実をお聞きする（「第2章　ろねらわゆわ（神様との対話）・因幡の白ウサギの伝説　大国主大神様」参照）。
2017年6月14日	200神以上の神様の神棚をつくるため、神様直々に人脈をご紹介いただく（「第2章　ろねらわゆわ（神様との対話）・神の導きのままに」参照）。
2017年7月6日	国連安全保障理事会にいたプラスサタン霊376人を水星より呼んで水星の進化のほどをお聞きする（同左）。
2017年7月7日～12日	九州豪雨の沈静化をアナコンダさんにお願いする（「第3章　夢物語と未知の世界・宇宙霊、アナコンダとの絆」参照）。
2017年7月14日	アナコンダさんが家族と再会できました。
2017年7月27日	飲もうと思った健康食品がなくなり、まさしく神隠しが起こりました。
2017年8月1日	神様から啓示（こみわれて……）を頂きました。
2017年8月1日	台風5号が発生しており九州豪雨でお世話になったアナコンダさんたちに来ていただきお願いする。
2017年8月5日	台風5号強力台風の様で、竜神様4神にも応援をお願いする。

２０１７年８月９日	台風５号でお世話になった竜神４神、竜２匹、アナコンダ５匹、大蛇３匹をお礼のためお呼びしました。
２０１７年９月16日	大型台風18号が九州に上陸するとの報道で、台風５号の時活躍していただいた竜神様方の他に、新たにオーストラリアの西に男性１神、女性６神の竜神様がおられることがわかり、初めてお呼びすることができ、皆様一緒にご活躍していただきました。
２０１７年９月19日	大型台風18号でお世話になった全員（竜神11神、竜２匹、アナコンダ５匹、大蛇７匹）にお礼させていただきたく来ていただきました。
２０１７年９月28日	遺伝子組み換え細胞を発見、初めて対話で心の中を聞くことができました。
２０１７年10月２日	家中の食品の細胞の有無を確認する。
２０１７年10月８日	何人かの政治家の皆さんに、この事実を伝える手紙を送る。
２０１０年10月10日	宇宙霊の方々に自分の星の名前は？とお聞きしていたら、この日も新しい名前「ゆろむろむ星」の方々との会話ができました。聞いたことのない名前は、今日で７星目になりました。
２０１７年10月16日	北朝鮮38霊をお呼びし、その後の様子をお聞きする。４基のミサイルを新たにつくり、完成品ではないが、部品が揃えば完成できて、核も廃棄するものを手に入れようとしているとの情報を頂きました。

2017年10月21日	超大型台風21号が来ることがわかり、18号で活躍してくださった全員に来ていただき、日本列島に被害が少ないようにお願いしました。
2017年10月23日	日本列島直撃だった超大型台風21号が予想進路から外れ太平洋側に向きを変えていきました。改めて竜神様方の偉大さを実感致しました。ちょうど、出版の準備で居合わせた会員の皆さんと、労いとお礼を述べさせていただきました。
2017年10月27日	会員の方から浄化して出てきた方々と対話をしたところ、2人の方がいつまでもつらさが取れないとのことだったので、詳しく聞いてみました（「第4章　死後の世界・血液の中にいたサタン霊との対話」参照）。
2017年10月27日	台風22号のコースが変わったとのニュースがありました。もしかしたらと思ってすぐに衛星写真を見てみると、台風の時いつもお願いしている竜神様方々が、日本列島に全員勢揃いして防衛してくださっていたのでした。
2017年10月28日	鳳凰様をお呼びし質問させていただきました（「第3章　夢物語と未知の世界・アナコンダ、家族との再会」参照）。
2017年10月29日	「新しい世界　神とともに！」の表紙と帯について、神様にお伺いしました。「第2章　神様との対話」のタイトルを「第2章　ろねらわゆわ（神様との対話）」にするようにとのことでした。〝ろねらわゆわ〟とは、カタカムナで〝神様との対話〟という意味だと教えていただきました。478神の神様からのお言葉でした。

2017年11月8日

北朝鮮38霊をお呼びしその後の様子をお聞きする。ミサイル製作中4基のうち2基は完成。使用済核はまだ手に入っていない。核が手に入ったら核の脅威を海の上でも打ち上げたい野望はもっている。国民は生活に不便なものが出てきている。

おわりに

わが家には日々、私の行動、質問にお答えしてくださる、５００神以上の神様がおられます。また、私自身も2神から日々増加し、気がつくと１００神もの神様に見守られていました。

こんなに多くの神様に来ていただき、それだけのご期待にお応えできるのだろうかいう心配もあります。しかし、最強の指導者がおられて、最高の答えがあるのだから、壮大な宇宙の中で誰よりも恩恵を受けていると信じれば、迷いも恐れもなくなってきます。

日々、神様・霊・宇宙霊・動物霊・菌・ウイルス・細胞君との対話が進む中、台風5号、18号のときには、今まで写真でしか見たことのなかった竜や竜神様と対話して、お願いまで聞き入れていただけました。

見えない世界に取り組んで17年になりますが、これからも波動浄化の進歩は果てしなく続くでしょう。これも神様の光がなかったらできません。現在、世界を騒がせている核問題、汚染、温暖化、難病、災害など、このまま進んでしまったらもう手のつけられない状態になってしまいます。

その原因でもあり、身近な問題でもあるのが、食品中に紛れ込んだ細胞君、瞬間移動で地球上にやってくる宇宙霊です。食べた人の身体の中に入る彼らはその人が亡くなるまで血液の中で出口のない地獄の日々。いっぽうで身体の中に入って来られた方や動物は、入ってきた細胞君や宇宙霊が精神や病気を持っていれば、まったく同じ影響を受けます。難病であればあるほど、入られた人は苦しくなります。病院に行っても対症療法が多いので原因もわかりません。薬を飲んでも効かないどころか、さらに悪化するだけです。この状態を放置しておいたら、数十年後、ほとんどの人が大変な事態になっているでしょう。

神様も天上界からこの事実を見て、ご心配の種が絶えず、多くの聖者を世に送られてきました。しかし、人間の強欲は限りなく、悪化の一途をたどるばかり。今ならまだ間に合うからこそ、神様とお話ができるようになり、地球をとても愛している私が神様とのご縁をいただいたのだと思います。これからは「新しい世界　神とともに！」という本書のタイトル通り、神様直々のお力をお借りしながら、自分たちで浄化をする必要性を知ってもらい、実践を勧める活動を広めていくつもりです。

宇宙霊との対話から、地球より進化している水星の事情を知りました。本書で書きましたが、すごいなと思ったのは、地球のような戦争がないことです。どうして戦争が起こらないのか、そのためにどう工夫してきたのかを、これから水星の霊魂にお聞きして、地球人が見習うべきものをたくさん教えていただこうと思います。

世界中で解明できない病気の原因は、目に見えない世界との会話によって解き明かされてきました。これからもっと謎は明らかになるでしょう。本書の内容に真実を感じて、自分も神様とともに新しい世界を歩みたいと思われた方は、一緒に学び、実践し、この事実を世界に広げて、病気、汚染、戦争のない世界を目指していきましょう。

ゆくゆくは新しい実践の場が世界各地に出来て、それぞれが神様のお言葉を伝えてくだされば世界は変わるでしょう。それが1日も早く実現してほしいと思います。何万年も心配していただいている神様方に、安らかなお気持ちを持っていただける日を早く実現して差し上げたい。そんな私の願いは、皆さんお一人お一人のお気持ち次第で決まるのです。

この本を読まれご賛同くださった方は、ホームページ（https://kamitotomoni.jp/）をご覧ください。

著者略歴

野村文子（のむら　ふみこ）

・昭和22年12月18日生まれ
・射手座・O型・福井県出身
・27年前より主婦のアイデアで、困っているものを商品化し、ヒット商品を続出させる。
・17年前、波動に出合い、独自の発想・研究により病気・不幸の原因を解明、簡単除去・解決策を指導する。主に霊障・菌・ウイルスを未来波動で検知し、未来科学で天国に導く。
・2005年８月「波動で見抜く人生の真実」出版
・2010年４月「未来波動が教える病気の正体」出版
・現在、未来波動実践友の会会長

新しい世界　神とともに！

2017年12月25日　初版第１刷発行

著　者　野村文子
発行者　韮澤潤一郎
発行所　株式会社たま出版
〒160-0004　東京都新宿区四谷４-28-20
☎ 03-5369-3051（代表）
http://tamabook.com
振替　00130-5-94804

印刷所　株式会社エーヴィスシステムズ

ISBN978-4-8127-0411-0　C0011